道路篇

中国的自信从哪里来?

中华文化学院 组织编写
何霜梅 等 著

新世界出版社
NEW WORLD PRESS

图书在版编目（CIP）数据

中国的自信从哪里来？. 道路篇 / 何霜梅等著. -- 北京：新世界出版社，2023.7
（"今日中国"丛书）
ISBN 978-7-5104-7700-3

Ⅰ.①中… Ⅱ.①何… Ⅲ.①中华文化—研究 Ⅳ. ①K203

中国国家版本馆 CIP 数据核字 (2023) 第 100870 号

中国的自信从哪里来？
道路篇

组织编写：	中华文化学院
作　　者：	何霜梅 等
责任编辑：	赵如意
装帧设计：	贺玉婷
责任校对：	宣　慧　张杰楠
责任印制：	王宝根
出　　版：	新世界出版社
网　　址：	http://www.nwp.com.cn
社　　址：	北京西城区百万庄大街 24 号（100037）
发 行 部：	(010)6899 5968（电话）　(010)6899 0635（电话）
总 编 室：	(010)6899 5424（电话）　(010)6832 6679（传真）
版 权 部：	+8610 6899 6306（电话）　nwpcd@sina.com（电邮）
印　　刷：	天津中印联印务有限公司
经　　销：	新华书店
开　　本：	787mm×1092mm　1/16　尺寸：170mm×240mm
字　　数：	202 千字　印张：11.5
版　　次：	2023 年 7 月第 1 版　2023 年 7 月第 1 次印刷
书　　号：	ISBN 978-7-5104-7700-3
定　　价：	58.00 元

版权所有，侵权必究
凡购本社图书，如有缺页、倒页、脱页等印装错误，可随时退换。
客服电话：(010)6899 8638

"今日中国"丛书

编委会

主　任：杜占元　赵　凡
副主任：陆彩荣　袁　莎

编辑部

主　任：李春凯　王志功
副主任：解　琛　王小鸿　于铭松　左　鹏
成　员：葛文聪　徐　锋　孙照海　冯海波
　　　　　王建均　张祎娜　李勇刚　翁贺凯

出版说明

习近平总书记强调，讲好中国故事，要阐释好中国特色。要讲清楚每个国家和民族的历史传统、文化积淀、基本国情不同，其发展道路必然有着自己的特色；讲清楚中华文化积淀着中华民族最深沉的精神追求，是中华民族生生不息、发展壮大的丰厚滋养；讲清楚中华优秀传统文化是中华民族的突出优势，是我们最深厚的文化软实力；讲清楚中国特色社会主义根植于中华文化沃土、反映中国人民意愿、适应中国和时代发展进步要求，有着深厚历史渊源和广泛现实基础。为了生动讲好中国故事，传播好中华文化，中央社会主义学院（中华文化学院）与中国外文局联合策划、陆续推出这套"今日中国"丛书。

"今日中国"丛书由中华文化学院组织编写，汇集了其近年教学科研改革的最新成果。从1997年成立之日起，中华文化学院始终把传播好中华文化、讲好中国故事，作为自己的初心和使命。2016年以来，中华文化学院立足"大文化"视角，创新共识教育方式，以文化认同促进政治共识，以文化认同增进各界人士对中国、中华民族、中国共产党和中国特色社会主义的认同，为实现中华民族伟大复兴的中国梦增添精神动力。

"今日中国"丛书正是在这样的创新和教学积累中逐渐形成的。丛书以传播中华文化为主要任务，内容既包括中华优秀传统文化，也包括马克思主义中国化时代化的最新成果，是中华优秀传统文化、革命文化和社会主义先进文化的有机统一体，涵盖了宗教、信仰、价值观念、伦理道德、风俗习惯、文学艺术、科学技术、制度体系等。丛书力图讲清楚中华文化的核心要义、独特创造、价值理念和鲜明特色，阐明历史选择中国共产党、选择中国特色社会主义道路的必然性，阐明习近平新时代中国特色社会主义思想的精神实质和丰富内涵，同时又根据人群特点各有侧重。

中华文化源远流长、博大精深，"今日中国"丛书在内容上必定是沧海一粟。书中不完善的地方，敬请各界专家、各位读者指正。

目 录

导 论 / 1

第一章 什么是中国特色社会主义道路？/ 001

    一、坚持中国共产党的领导 / 007

    二、立足于总依据 / 011

    三、坚持基本路线 / 014

    四、强调总布局 / 017

    五、明确总任务 / 018

第二章 为什么沿着中国特色社会主义道路锲而不舍走下去？/ 021

    一、真理的力量 / 023

    二、文化的根基 / 030

    三、历史的昭示 / 048

    四、人民的期盼 / 060

第三章 沿着中国特色社会主义道路干什么？/ 073

    一、建设中国特色社会主义经济 / 075

    二、建设中国特色社会主义政治 / 083

    三、建设中国特色社会主义文化 / 102

四、建设中国特色社会主义社会／112

　　五、建设中国特色社会主义生态文明／123

结语／135

参考文献／143

后记／149

导 论

中国共产党已成为百年大党。历史启示我们，方向决定道路，道路决定命运。无论是哪个国家，实现国家富强和民族复兴，道路是最根本的问题。回顾百年历程，走自己的路，是中国共产党的全部理论和实践立足点，更是一个百年大党历经艰苦奋斗得出的历史结论。中国的基本国情，决定了中国走向现代化、探索民族复兴的道路必然与众不同。近代以来，中国人民经过长期探索和实践，最终找到了中国特色社会主义这条正确道路，从根本上改变了中国人民和中华民族的前途命运。

以毛泽东同志为主要代表的中国共产党人，把马克思主义基本原理与中国实际相结合，带领全国人民经过艰苦卓绝的斗争取得了新民主主义革命和社会主义革命的伟大胜利，确立了社会主义基本制度。这是中国历史"三千年未有之大变局"。社会主义制度在中国的确立，为中国社会的一切发展进步奠定了根本政治前提和制度基础，为中国走上国富民强的社会主义现代化康庄大道提供了根本保障。以毛泽东同志为主要代表的中国共产党人团结带领全党全国各族人民，为探索适合中国国情的社会主义建设道路进行了艰辛的探索，为开创中国特色社会主义道路提供了宝贵经验、理论准备、物质基础。在此基础上，以邓小平同志为主要代表的中国共产党人团结带领全党全国各族人民深刻总结我国社会主义建设正反两方面经验，借鉴世界社会主义的历史经验，成功开创了中国特色社会主义道路。此后，中国共产党人立足新的实践，推进和拓展中国特色社会主义道路，不断赋予中国特色社会主义道路新的内涵。进入新时代，习近平新时代中国特色社会主义思想开辟了马克思主义新境界，为坚持和发展中国特色社会主义道路提供了科学的行动指南，引领中国特色社会主义道路进入新阶段。

一、新民主主义革命时期：中国特色社会主义道路产生的前提

新民主主义革命时期，中国共产党面临的主要任务是，反对帝国主义、封建主义、官僚资本主义，争取民族独立、人民解放，为实现中华民族伟大复兴创造根本社会条件。

中华民族是世界上古老而伟大的民族，创造了绵延五千多年的灿烂文明，为人类文明进步作出了不可磨灭的贡献。1840年鸦片战争以后，由于西方列强入侵和封建统治腐败，中国逐步成为半殖民地半封建社会，国家蒙辱、人民蒙难、文明蒙尘，中华民族遭受了前所未有的劫难。为了拯救民族危亡，中国人民奋起反抗，仁人志士奔走呐喊，进行了可歌可泣的斗争。各种救国方案轮番出台，但都以失败告终。孙中山先生领导的辛亥革命推翻了统治中国几千年的君主专制制度，但未能改变中国半殖民地半封建的社会性质和中国人民的悲惨命运。中国迫切需要新的思想引领救亡运动，迫切需要新的组织凝聚革命力量。

1921年7月，中国共产党应运而生。这是开天辟地的大事变，

中国革命的面貌从此焕然一新。中国共产党一经诞生，就始终把为中国人民谋幸福、为中华民族谋复兴作为自己的初心使命。在一百多年的光辉历程中，中国共产党始终坚持共产主义理想和社会主义信念，团结带领全国各族人民为争取民族独立、人民解放和实现国家富强、人民幸福而不懈奋斗。

中国共产党深刻认识到，近代中国社会主要矛盾是帝国主义和中华民族的矛盾、封建主义和人民大众的矛盾。实现中华民族复兴，必须进行反帝反封建斗争。中国共产党团结带领中国人民，历经大革命、土地革命、抗日战争和解放战争，推翻了帝国主义、封建主义、官僚资本主义三座大山。中国共产党领导的人民军队在人民支持下，以一往无前的英雄气概同穷凶极恶的敌人进行殊死斗争，为夺取新民主主义革命胜利建立了历史功勋。

在革命斗争中，以毛泽东同志为主要代表的中国共产党人，把马克思主义列宁主义基本原理同中国具体实际相结合，对经过艰苦探索、付出巨大牺牲积累的一系列独创性经验作了理论概括，开辟了农村包围城市、武装夺取政权的正确革命道路，创立了毛泽东思想，为夺取新民主主义革命胜利指明了正确方向。经过28年浴血奋斗，中国共产党领导中国人民，在各民主党派和无党派民主人士积极合作下，于1949年10月1日宣告成立中华人民共和国，实现民族独立、人民解放，彻底结束了旧中国半殖民地半封建社会的历史，彻底结束了极少数剥削者统治广大劳动人民的历史，彻底结束了旧中国一盘散沙的局面，彻底废除了列强强加给中国的不平等条约和帝国主义在中国的一切特权，实现了中国从几千年封建专制政治向人民民主的伟大飞跃，也极大改变了世界政治格局，鼓舞了全世界被压迫民族和被压迫人民争取解放的斗争。

实践充分说明，历史和人民选择了中国共产党。没有中国共产党就没有新中国。中华人民共和国的成立，标志着中国人民从此站起来了，中华民族任人宰割、饱受欺凌的时代一去不复返了，中国发展从此开启了新纪元。[1]

二、社会主义革命和建设时期：中国特色社会主义道路的早期探索

新中国成立以后，在社会主义革命和建设时期，以毛泽东同志为主要代表的中国共产党人提出关于社会主义建设的一系列重要思想，领导人民自力更生、发愤图强，创造了社会主义革命和建设的伟大成就，实现了中华民族有史以来最为广泛而深刻的社会变革，实现了一穷二白、人口众多的东方大国大步迈进社会主义社会的伟大飞跃。在这一时期，中国建立起独立的、比较完整的工业体系和国民经济体系，农业生产条件显著改变，教育、科学、文化、卫生、体育事业有很大发展，人民解放军得到壮大和提高，彻底结束了旧中国的屈辱外交。中国共产党和中国人民以英勇顽强的奋斗向世界庄严宣告，中国人民不但善于破坏一个旧世界、也善于建设一个新

---

[1] 中共中央宣传部：《中国共产党的历史使命与行动价值》，人民出版社2021年版，第21—28页。

世界，只有社会主义才能救中国，只有社会主义才能发展中国。

中国特色社会主义道路的早期探索有着深厚的社会历史背景。1956年，随着社会主义改造的基本完成和社会主义基本制度的建立，"如何建设社会主义"就成为摆在中国共产党和中国人民面前的一个全新历史课题。在中国共产党领导下，中国人民开始积极探索中国社会主义建设道路。此时，国际国内环境发生新变化。"在国内，党和国家的工作重心开始转移到发展生产力这一方面来，新建立的生产关系还不完善，单一公有制和高度集中的计划经济开始暴露出问题，实际生活中出现不少新的社会矛盾。国际上，1956年2月举行的苏联共产党第二十次代表大会，尖锐揭露和批判了斯大林领导苏联社会主义建设中的严重错误以及对他的个人崇拜造成的严重后果，但也存在严重的偏差，在社会主义阵营引起极大震动和思想混乱。"[1] "苏联在社会主义建设过程中暴露出来的一些问题和错误，对于正在寻求自己的社会主义建设道路的中国共产党人来说，无疑是非常重要的警示。"[2] 在此背景下，"毛泽东同志对适合中国情况的社会主义建设道路进行了艰苦探索。他以苏联的经验教训为鉴戒，提出要创造新的理论、写出新的著作，把马克思列宁主义基本原理同中国实际进行'第二次结合'，找出在中国进行社会主义革命和建设的正确道路，制定把我国建设成为一个强大的社会主义国家的

---

[1] 中共中央党史研究室：《中国共产党的九十年》，中共党史出版社、党建读物出版社2016年版，第465—466页。

[2] 同上，第466页。

战略思想"[1]。为找到适合中国情况的社会主义建设道路，经过充分细致的调查研究，1956年4月，毛泽东在中央政治局扩大会议上作了《论十大关系》的讲话，这是开启中国特色社会主义道路早期探索的一个主要标志。

《论十大关系》这篇讲话提出了十个问题，也就是十大关系，包括：重工业和轻工业、农业的关系，沿海工业和内地工业的关系，经济建设和国防建设的关系，国家、生产单位和生产者个人的关系，中央和地方的关系，汉族和少数民族的关系，党和非党的关系，革命和反革命的关系，是非关系，中国和外国的关系。[2]"十大关系"是从对中国经济建设问题的总结和对苏联经验的鉴戒中提出来的，明确了中国的社会主义建设必须从中国实际国情出发、走自己的道路这一根本思想。在讲话中，毛泽东指出："提出这十个问题，都是围绕着一个基本方针，就是要把国内外一切积极因素调动起来，为社会主义事业服务。"[3]"我们一定要努力把党内党外、国内国外的一切积极的因素，直接的、间接的积极因素，全部调动起来，把我国建设成为一个强大的社会主义国家。"[4]这一论断集中体现了毛泽东关于怎样建设社会主义的根本指导思想。《论十大关系》全篇贯穿着马克思主义唯物辩证法和唯物史观，体现了坚持马克思主义

---

[1] 习近平：《在纪念毛泽东同志诞辰一百二十周年座谈会上的讲话》，《十八大以来重要文献选编》（上），中央文献出版社2014年版，第691页。

[2] 《毛泽东文集》第七卷，人民出版社1999年版，第24—41页。

[3] 同上，第23页。

[4] 同上，第44页。

基本原理同中国具体实际相结合,推进了马克思主义中国化时代化。《论十大关系》等著作的发表,是中国特色社会主义道路的早期艰苦探索中取得的重要理论成果,为后来中国特色社会主义道路的开创提供了重要的理论准备。

1956年9月中共八大的召开标志着对适合中国国情的社会主义建设道路的艰辛探索取得了初步成果。中共八大的政治报告以《论十大关系》为指导思想,突出经济建设的主题,集中了中国共产党在探索过程中提出的新的理论观点和方针政策,凝聚了全党的经验与智慧。大会正确分析了国内形势和国内主要矛盾的变化,明确规定了中国共产党和中国人民在新形势下的主要任务,指出中国国内的主要矛盾已经是人民对于建立先进的工业国的要求同落后的农业国的现实之间的矛盾,已经是人民对于经济文化迅速发展的需要同当前经济文化不能满足人民需要的状况之间的矛盾。这些论述的着眼点在于突出中国生产力发展还比较落后这一基本国情,强调全党要集中力量去发展生产力。中共八大以后的进一步探索和第一个五年计划的完成对社会主义建设事业的发展奠定了重要基础。这一时期,在中国共产党领导下,我国各族人民意气风发投身中国历史上从来不曾有过的热气腾腾的社会主义建设。在不长的时间里,中国社会就发生了翻天覆地的变化,建立起独立的比较完整的工业体系和国民经济体系,独立研制出"两弹一星",成为在世界上有重要影响的大国,积累起在中国这样一个社会生产力水平十分落后的东方大国进行社会主义建设的重要经验。[1] 中国共产党带领全国人民取得的社会主义建设的基础性成就,为中国特色社会主义道路的开创提供了重要条件,为中国共产党和中国人民事业胜利发展、为中华民族阔步赶上时代发展潮流创造了根本前提,奠定了坚实的理论和实践基础。

三、改革开放和社会主义现代化建设时期:中国特色社会主义道路的开创和发展

中共十一届三中全会以后,在改革开放和社会主义现代化建设新时期,中国共产党继续探索中国建设社会主义的正确道路,解放和发展社会生产力,使人民摆脱贫困、尽快富裕起来。以邓小平同志为主要代表的中国共产党人,团结带领全党全国各族人民,深刻总结新中国成立以来正反两方面经验,围绕什么是社会主义、怎样建设社会主义这一根本问题,借鉴世界社会主义历史经验,创立了邓小平理论,解放思想,实事求是,作出把党和国家工作中心转移到经济建设上来、实行改革开放的历史性决策,深刻揭示社会主义本质,确立社会主义初级阶段基本路线,明确提出走自己的路、建设中国特色社会主义,科学回答了建设中国特色社会主义的一系列基本问题,制定了到21世纪中叶分三步走、基本实现社会主义现代化的发展战略,成功开创了中国特色社会主义。

---

[1] 习近平:《在纪念毛泽东同志诞辰一百二十周年座谈会上的讲话》,《十八大以来重要文献选编》(上),中央文献出版社2014年版,第691页。

解放思想，实事求是，是开创中国特色社会主义道路的重要前提。"文化大革命"结束后，"中国向何处去"成为摆在中国人民面前的头等重要问题。思想是行动的先导。实践创新与理论创新密不可分。1978年12月，在中央工作会议闭幕会上，邓小平作了题为《解放思想，实事求是，团结一致向前看》的重要讲话。他在这篇重要讲话中提出：只有思想解放了，我们才能正确地以马列主义、毛泽东思想为指导，解决过去遗留的问题，解决新出现的一系列问题，正确地改革同生产力迅速发展不相适应的生产关系和上层建筑，根据我国的实际情况，确定实现四个现代化的具体道路、方针、方法和措施。[1]邓小平同志的这篇讲话对于当时人们解放思想起到了至关重要的作用，对于探索和确立适合中国情况的社会主义现代化建设之路具有重要指导意义。因为只有解放思想，才能了解当时中国真正的实际；只有真正做到一切从实际出发，才能实现马克思主义普遍真理与当代中国实际的相结合，才能在以毛泽东同志为核心的第一代中央领导集体所取得的社会主义建设成果基础上继续前行，推进马克思主义中国化时代化的历史进程，找到和确立真正适合中国情况的社会主义现代化建设道路。

中共十一届三中全会作出把党和国家工作中心转移到经济建设上来、实行改革开放的历史性决策，开启了中国改革开放和社会主义现代化建设新时期。[2]1978年12月18日至22日，中共十一届三

---

[1] 《邓小平文选》第二卷，人民出版社1994年版，第141页。

[2] 中共中央党史研究室：《中国共产党的九十年》，中共党史出版社、

中全会在北京召开。这次会议的主要任务是确定把全党工作重点转移到社会主义现代化建设上来。全会在坚持实事求是地解决历史遗留问题的同时，按照历史实际充分肯定毛泽东的伟大功绩。中国的改革开放由这次全会揭开了序幕，邓小平理论也逐步形成和发展起来。这一切，显示了中国共产党顺应时代潮流和人民愿望、勇敢开辟中国特色社会主义道路的坚强决心，标志着中国共产党人在新的时代条件下的伟大觉醒，正是这个伟大觉醒，孕育了新时期从理论到实践的伟大创造。从这时起，中国共产党人和中国人民踏上了建设中国特色社会主义新的伟大征程，以一往无前的进取精神和波澜壮阔的创新实践，开创和发展中国特色社会主义。[1]中共十一届三中全会实现了新中国成立以来中国共产党的历史上具有深远意义的伟大转折。1979年3月，受党中央委托，邓小平在党的理论工作务虚会上作了题为《坚持四项基本原则》的讲话。他旗帜鲜明地指出，中央认为，要在中国实现四个现代化，必须在思想上政治上坚持社会主义道路、坚持无产阶级专政即人民民主专政、坚持共产党的领导、坚持马列主义毛泽东思想这四项基本原则。这篇讲话为开创中国特色社会主义道路奠定了思想政治基础。

中共十二大提出建设有中国特色的社会主义的重大命题。1982年9月，中共十二大召开，邓小平同志在开幕词中提出："我们的

党建读物出版社2016年版，第644页。
[1] 中共中央党史研究室：《中国共产党的九十年》，中共党史出版社、党建读物出版社2016年版，第660页。

现代化建设，必须从中国的实际出发。无论是革命还是建设，都要注意学习和借鉴外国经验。但是，照抄照搬别国经验、别国模式，从来不能得到成功。这方面我们有过不少教训。把马克思主义的普遍真理同我国的具体实际结合起来，走自己的道路，建设有中国特色的社会主义，这就是我们总结长期历史经验得出的基本结论。"[1] 1984年10月，中共十二届三中全会通过《关于经济体制改革的决定》，总结新中国成立以来特别是中共十一届三中全会以来经济体制改革的经验，初步提出和阐明了经济体制改革的一系列重大理论和实践问题。关于"有中国特色的社会主义"，邓小平同志指出，"什么叫社会主义，什么叫马克思主义？我们过去对这个问题的认识不是完全清醒的。马克思主义最注重发展生产力……社会主义阶段的最根本任务就是发展生产力"[2]，"社会主义要消灭贫穷。贫穷不是社会主义，更不是共产主义"[3]。这些论述深化了对"有中国特色的社会主义"这个概念内涵的认识。1987年10月，中共十三大报告指出："在中国这样落后的东方大国中建设社会主义，是马克思主义发展史上的新课题。我们面对的情况，既不是马克思主义创始人设想的在资本主义高度发展的基础上建设社会主义，也不完全相同于其他社会主义国家。照搬书本不行，照搬外国也不行，必须从国情出发，把马克思主义基本原理同中国实际结合起来，在实践中开辟有中国

---

[1] 《邓小平文选》第三卷，人民出版社1993年版，第2—3页。

[2] 同上，第63页。

[3] 同上，第63—64页。

特色的社会主义道路。"[1]中共十三大报告确立了中国特色社会主义道路内涵的基本要点。"在社会主义初级阶段，我们党的建设有中国特色的社会主义的基本路线是：领导和团结全国各族人民，以经济建设为中心，坚持四项基本原则，坚持改革开放，自力更生，艰苦创业，为把我国建设成为富强、民主、文明的社会主义现代化国家而奋斗。"[2]报告阐明了当代中国正处于社会主义初级阶段，并规定和概括了社会主义初级阶段的总路线。中国特色社会主义道路基本内涵的确立，标志着中国特色社会主义道路的成功开创。

中共十三大以后，国内风波和国际变局给中国社会主义建设带来新的风险和挑战。当时，刚刚经过苏联解体、东欧剧变，国际共产主义运动陷入了低潮。在这种形势下，不少人思想上存在困惑，对中国的改革存在疑问。1992年邓小平同志发表南方谈话。针对姓"资"姓"社"、计划多点还是市场多点等一系列问题，他提出了"改革也是解放生产力""计划和市场都是手段""三个有利于"等重要论断，并阐述了社会主义本质论。他指出："社会主义的本质，是解放生产力，发展生产力，消灭剥削，消除两极分化，最终达到共同富裕。"[3]南方谈话回应了人们的质疑，澄清了认识，又一次解放了思想，坚定了推进改革的信心和决心。1992年10月中共十四大报告总结了十一届三中全会以来的实践经验，概括了建设有中国

---

1 《十三大以来重要文献选编》（上），人民出版社1991年版，第11页。
2 同上，第15页。
3 《邓小平文选》第三卷，人民出版社1993年版，第373页。

特色社会主义理论的主要内容，并把建设有中国特色社会主义理论和中国共产党的基本路线写进了党章。这个理论第一次比较系统地初步回答了中国这样的经济文化比较落后的国家如何建设社会主义、如何巩固和发展社会主义的一系列基本问题。中共十四大作出了三项具有深远意义的重大决策。一是抓住机遇，加快发展，集中精力把经济建设搞上去；二是明确中国经济体制改革的目标是建立社会主义市场经济体制；三是确立邓小平建设有中国特色社会主义理论在全党的指导地位。以邓小平南方谈话和中共十四大为标志，中国改革开放和社会主义现代化建设进入新的发展阶段。[1]

1997年9月，在世纪之交的关键时刻，中共十五大在北京召开。这次大会首次使用"邓小平理论"这个概念，把邓小平理论同马克思列宁主义、毛泽东思想一起作为党的指导思想写入党章。这是中国共产党经过近20年改革开放和社会主义现代化建设的成功实践作出的历史性决策。中共十五大报告，进一步回答了怎样建设社会主义的问题，并着重提出建设一个什么样的党、怎样建设党的问题。

2000年2月21日至25日，江泽民同志在广东考察工作期间指出："总结我们党七十多年的历史，可以得出一个重要结论，这就是：我们党所以赢得人民的拥护，是因为我们党在革命、建设、改革的各个历史时期，总是代表着中国先进生产力的发展要求，代表着中国先进文化的前进方向，代表着中国最广大人民的根本利益，并通

---

[1] 中共中央党史研究室：《中国共产党的九十年》，中共党史出版社、党建读物出版社2016年版，第797—801页。

过制定正确的路线方针政策,为实现国家和人民的根本利益而不懈奋斗。"[1] "三个代表"重要思想的提出,提醒全党要在加强党的建设方面研究和解决新情况、新问题,体现了中国共产党人与时俱进的理论品质和开拓进取的创新精神,为全党应对21世纪新挑战、完成自己承担的神圣历史使命,做了重要的思想理论准备。

跨入21世纪,中国进入全面建设小康社会、加快推进社会主义现代化的发展新阶段。2002年11月,中共十六大在北京召开,向世人昭示:"在新世纪新阶段,中国共产党高举的旗帜,就是马克思列宁主义、毛泽东思想和邓小平理论的旗帜,就是'三个代表'重要思想的旗帜;中国共产党要走的道路,就是中国特色社会主义道路;中国共产党带领人民在新世纪前50年所要实现的目标,就是全面建设小康社会并进而实现现代化的目标。"[2] 这次大会系统总结了中共十三届四中全会以来13年奋斗历程和基本经验,进一步丰富了中国特色社会主义的内涵。

2003年,一场突发性的非典型肺炎给广大人民群众生命安全带来威胁,也给经济发展、公共卫生事业和社会管理带来一系列新挑战。在应对突如其来的"非典"风险考验过程中,中国共产党人开始深入思考中国特色社会主义的本质特征。面对在此过程中暴露出的经济社会发展中存在的薄弱环节,人们开始思考:发展到底为了什么?

---

1 《江泽民文选》第三卷,人民出版社2006年版,第2页。
2 中共中央党史研究室:《中国共产党的九十年》,中共党史出版社、党建读物出版社2016年版,第888—889页。

我们应该"实现什么样的发展""怎样发展"？这一系列新问题日益成为人们所关切的话题。在此背景下，2003年7月，胡锦涛同志在全国防治非典工作会议上的讲话中指出："促进经济社会协调发展，是建设中国特色社会主义的必然要求，也是全面建设小康社会的必然要求。我们讲发展是党执政兴国的第一要务，这里的发展绝不只是指经济增长，而是要坚持以经济建设为中心，在经济发展的基础上实现社会全面发展。我们要更好坚持全面发展、协调发展、可持续发展的发展观，更加自觉地坚持推动社会主义物质文明、政治文明、精神文明协调发展，坚持在经济社会发展的基础上促进人的全面发展，坚持促进人与自然的和谐。"[1] 这段话强调了"全面发展""协调发展""和谐发展"等核心理念，这些理念的提出既是对非典疫情下所暴露问题的回应，也是对"社会主义应该实现什么样的发展"问题的回答，蕴含着科学发展观的雏形和对中国特色社会主义本质特征的深入思考与探索。

科学发展观的创立，以理论创新推进了中国特色社会主义道路的发展。2003年10月，胡锦涛同志在中共十六届三中全会第二次全体会议上的讲话中，阐明了树立和落实科学发展观的必然性和必要性。他强调："树立和落实科学发展观，这是二十多年改革开放实践的经验总结，是战胜非典疫情给我们的重要启示，也是推进全面建设小康社会的迫切要求。"[2] 胡锦涛同志这篇讲话再次实现了马

---

[1] 《胡锦涛文选》第二卷，人民出版社2016年版，第67页。

[2] 同上，第104页。

克思主义基本原理同当代中国实际相结合，推进了马克思主义中国化时代化的进程，推进了中国特色社会主义道路的向前发展。

2007年10月，中共十七大报告提出，高举中国特色社会主义伟大旗帜，坚持中国特色社会主义道路，首次对中国特色社会主义理论体系作了概括，首次全面系统地阐述了"中国特色社会主义道路"的科学内涵："中国特色社会主义道路，就是在中国共产党领导下，立足基本国情，以经济建设为中心，坚持四项基本原则，坚持改革开放，解放和发展社会生产力，巩固和完善社会主义制度，建设社会主义市场经济、社会主义民主政治、社会主义先进文化、社会主义和谐社会，建设富强民主文明和谐的社会主义现代化国家。"[1]而且，报告特别指出："在当代中国，坚持中国特色社会主义道路，就是真正坚持社会主义。"[2]改革开放以来我们取得一切成绩和进步的根本原因，归结起来就是：开辟了中国特色社会主义道路，形成了中国特色社会主义理论体系。

四、开创中国特色社会主义新时代

中共十八大以来，以习近平同志为主要代表的中国共产党人，坚持把马克思主义基本原理同中国具体实际相结合、同中华优秀传统文化相结合，从新的实际出发，创立了习近平新时代中国特色社会主义思想。习近平新时代中国特色社会主义思想是当代中国马克

---

[1] 《十七大以来重要文献选编》（上），中央文献出版社2009年版，第9页。

[2] 同上。

思主义、二十一世纪马克思主义,是中华文化和中国精神的时代精华。习近平新时代中国特色社会主义思想的主要创立者是习近平同志。习近平总书记以非凡的政治智慧和强烈的历史担当,团结带领全党全国各族人民进行具有许多新的历史特点的伟大斗争,推动党和国家事业全面开创了新局面,发生了历史性变革,赢得了全党全军全国各族人民高度评价和衷心爱戴,成为党中央的核心、全党的核心。

习近平新时代中国特色社会主义思想的产生有着深刻的时代背景。经过长期努力,中国特色社会主义进入了新时代,这是中国发展新的历史方位。"新时代"的提出,标志着中国特色社会主义道路的实践开启了新的征程,步入了一个新的发展阶段。中国特色社会主义进入新时代,意味着中国社会主要矛盾已经发生了新变化,"已经转化为人民日益增长的美好生活需要和不平衡不充分的发展之间的矛盾"[1]。新时代出现的新情况新变化,给中国共产党提出了一个重大课题:在新的时代条件下坚持和发展什么样的中国特色社会主义、怎样坚持和发展中国特色社会主义。正是在回答这一时代新课题的伟大实践中,形成了习近平新时代中国特色社会主义思想。

习近平新时代中国特色社会主义思想拥有体现着鲜明时代特征的核心要义和丰富的内涵,涵盖了经济、政治、文化、社会、民族、宗教、生态文明、国家安全、军队建设和统一战线等多个方面。中

---

[1] 习近平:《决胜全面建成小康社会 夺取新时代中国特色社会主义伟大胜利——在中国共产党第十九次全国代表大会上的报告》,人民出版社2017年版,第11页。

共十九大、十九届六中全会提出的"十个明确""十四个坚持""十三个方面成就",概括了习近平新时代中国特色社会主义思想的主要内容。[1]

"十个明确",就是明确中国特色社会主义最本质的特征是中国共产党领导,中国特色社会主义制度的最大优势是中国共产党领导,中国共产党是最高政治领导力量,全党必须增强"四个意识"、坚定"四个自信"、做到"两个维护";明确坚持和发展中国特色社会主义,总任务是实现社会主义现代化和中华民族伟大复兴,在全面建成小康社会的基础上,分两步走在本世纪中叶建成富强民主文明和谐美丽的社会主义现代化强国,以中国式现代化推进中华民族伟大复兴;明确新时代我国社会主要矛盾是人民日益增长的美好生活需要和不平衡不充分的发展之间的矛盾,必须坚持以人民为中心的发展思想,发展全过程人民民主,推动人的全面发展、全体人民共同富裕取得更为明显的实质性进展;明确中国特色社会主义事业总体布局是经济建设、政治建设、文化建设、社会建设、生态文明建设五位一体,战略布局是全面建设社会主义现代化国家、全面深化改革、全面依法治国、全面从严治党四个全面;明确全面深化改革总目标是完善和发展中国特色社会主义制度、推进国家治理体系和治理能力现代化;明确全面推进依法治国总目标是建设中国特

---

[1] 习近平:《高举中国特色社会主义伟大旗帜 为全面建设社会主义现代化国家而团结奋斗——在中国共产党第二十次全国代表大会上的报告》,人民出版社2022年版,第17页。

色社会主义法治体系、建设社会主义法治国家；明确必须坚持和完善社会主义基本经济制度，使市场在资源配置中起决定性作用，更好发挥政府作用，把握新发展阶段，贯彻创新、协调、绿色、开放、共享的新发展理念，加快构建以国内大循环为主体、国内国际双循环相互促进的新发展格局，推动高质量发展，统筹发展和安全；明确党在新时代的强军目标是建设一支听党指挥、能打胜仗、作风优良的人民军队，把人民军队建设成为世界一流军队；明确中国特色大国外交要服务民族复兴、促进人类进步，推动建设新型国际关系，推动构建人类命运共同体；明确全面从严治党的战略方针，提出新时代党的建设总要求，全面推进党的政治建设、思想建设、组织建设、作风建设、纪律建设，把制度建设贯穿其中，深入推进反腐败斗争，落实管党治党政治责任，以伟大自我革命引领伟大社会革命。[1]这"十个明确"所蕴含的战略思想和创新理念，是党对中国特色社会主义建设规律认识深化和理论创新的重大成果。

"十四个坚持"，就是坚持党对一切工作的领导，坚持以人民为中心，坚持全面深化改革，坚持新发展理念，坚持人民当家作主，坚持全面依法治国，坚持社会主义核心价值体系，坚持在发展中保障和改善民生，坚持人与自然和谐共生，坚持总体国家安全观，坚持党对人民军队的绝对领导，坚持"一国两制"和推进祖国统一，坚持推动构建人类命运共同体，坚持全面从严治党。

---

[1] 中共中央宣传部编：《习近平新时代中国特色社会主义思想学习纲要》，学习出版社、人民出版社2023年版，第10—11页。

"十三个方面成就",就是在坚持党的全面领导、全面从严治党、经济建设、全面深化改革开放、政治建设、全面依法治国、文化建设、社会建设、生态文明建设、国防和军队建设、维护国家安全、坚持"一国两制"和推进祖国统一、外交工作等方面取得的历史性成就和发生的历史性变革。[1]

习近平新时代中国特色社会主义思想,为新时代坚持和发展中国特色社会主义提供了基本遵循。其为当代中国马克思主义作出的历史性贡献体现为:开辟了马克思主义新境界,开辟了中国特色社会主义新境界,开辟了治国理政新境界,开辟了管党治党新境界。习近平新时代中国特色社会主义思想之所以能够得到全党和全国各族人民的高度认同,并在实践中发挥了巨大指导作用,"根本原因就在于,它继承和发扬马克思主义理论品质,贯穿坚定信仰信念、鲜明人民立场、强烈历史担当、求真务实作风、勇于创新精神和科学方法论,呈现出当代中国马克思主义的鲜明理论特色"[2]。

在习近平新时代中国特色社会主义思想的指引下,中国特色社会主义建设取得重大成就。"十年来,我们经历了对党和人民事业具有重大现实意义和深远历史意义的三件大事:一是迎来中国共产党成立一百周年,二是中国特色社会主义进入新时代,三是完成脱

---

[1] 中共中央宣传部编:《习近平新时代中国特色社会主义思想学习纲要》,学习出版社、人民出版社2023年版,第11—12页。
[2] 《党的十九大报告学习辅导百问》,党建读物出版社、学习出版社2017年版,第72页。

贫攻坚、全面建成小康社会的历史任务，实现第一个百年奋斗目标。这是中国共产党和中国人民团结奋斗赢得的历史性胜利，是彪炳中华民族发展史册的历史性胜利，也是对世界具有深远影响的历史性胜利。"[1]

中共十八大以来取得的伟大成就、发生的历史性变革可以概括为：创立了习近平新时代中国特色社会主义思想、全面加强党的领导、对新时代党和国家事业发展作出科学完整的战略部署、经过接续奋斗实现了小康这个中华民族的千年梦想、提出并贯彻新发展理念、以巨大的政治勇气全面深化改革、实行更加积极主动的开放战略、坚持走中国特色社会主义政治发展道路、确立和坚持马克思主义在意识形态领域指导地位的根本制度、深入贯彻以人民为中心的发展思想、坚持绿水青山就是金山银山的理念、贯彻总体国家安全观、确立党在新时代的强军目标、全面准确推进"一国两制"实践、全面推进中国特色大国外交、深入推进全面从严治党等16个方面。从经济社会发展和人民生活的改善来看，突出体现为以下几点：

第一，坚定不移贯彻新发展理念，中国经济跃上新的大台阶。深入推进供给侧结构性改革，坚决端正发展观念、转变发展方式，发展质量和效益不断提升，发展更有含金量。2020年，在新冠肺炎疫情突如其来、世界经济陷入二战结束以来最严重衰退的危急时刻，

---

[1] 习近平：《高举中国特色社会主义伟大旗帜 为全面建设社会主义现代化国家而团结奋斗——在中国共产党第二十次全国代表大会上的报告》，人民出版社2022年版，第4页。

以习近平同志为核心的中共中央准确判断、精心谋划、果断行动，使经济发展取得重大战略成果，实现了经济发展的新突破。中国经济发展在极不平凡之年取得了极不平凡的、了不起的成就，推进中国经济实力、科技实力、综合国力都跃上新的大台阶，实现了经济运行总体平稳、经济结构持续优化的好成绩，同时对世界经济增长作出了重要贡献。第二，脱贫攻坚战取得全面胜利。中共十八大以来，中共中央把脱贫攻坚摆在了治国理政的重要位置，组织开展了声势浩大的脱贫攻坚人民战争。中国共产党和人民发扬钉钉子精神，攻克了一个又一个贫中之贫、坚中之坚，取得了脱贫攻坚的重大历史性成就，实现了"现行标准下9899万农村贫困人口全部脱贫，832个贫困县全部摘帽，12.8万个贫困村全部出列，区域性整体贫困得到解决，完成了消除绝对贫困的艰巨任务，创造了又一个彪炳史册的人间奇迹"[1]。第三，人民生活水平显著提高，人民获得感显著增强。各地深入贯彻以人民为中心的发展思想，一大批惠民举措落地实施。社会治理体系更加完善，社会大局保持稳定，国家安全全面加强。第四，生态文明建设成效显著。生态文明建设迈出坚实步伐，全党全国贯彻绿色发展理念的自觉性显著增强，忽视生态环境保护的状况明显改变。

进入新时代以来，中国特色社会主义建设所取得的伟大成就是全方位的、开创性的，解决了许多长期想解决而没有解决的难题，

---

[1] 习近平：《在全国脱贫攻坚总结表彰大会上的讲话》，人民出版社2021年版，第1页。

办成了许多过去想办而没有办成的大事,推动党和国家事业发生历史性变革。这些历史性变革,对党和国家事业发展具有重大而深远的影响。[1]中国特色社会主义建设取得的各项伟大成就进一步增强了沿着中国特色社会主义道路前进的信心和勇气,为我们继续推进中国特色社会主义事业提供了强大的物质基础和优越条件。

新时代中国共产党领导和社会主义制度不断彰显出强大优势,为在新时代坚持和发展中国特色社会主义道路凝聚了最广泛的人心和力量。中共十八大以来,中国共产党把制度建设摆到了更加突出的位置。坚决破除一切妨碍发展的思想观念和体制机制弊端,不断构建完备的制度体系,使各方面制度更加成熟更加定型。中共十九大提出了2035年制度建设和治理能力建设的新目标。中共十九届二中、三中全会分别就修改宪法和深化党和国家机构改革作出部署,在制度建设和治理能力建设上迈出了新的重大步伐。中共十九届四中全会对支撑中国特色社会主义制度的根本制度、基本制度和重要制度进行了全面的总结和概括,对中国特色社会主义制度的强大优势进行了深刻分析。[2]

进入新时代,中国特色社会主义制度更加巩固和完善,国家治

---

[1] 习近平:《决胜全面建成小康社会 夺取新时代中国特色社会主义伟大胜利——在中国共产党第十九次全国代表大会上的报告》,人民出版社2017年版,第8页。
[2] 《中共中央关于坚持和完善中国特色社会主义制度 推进国家治理体系和治理能力现代化若干重大问题的决定》,人民出版社2019年版,第55页。

理体系和治理能力现代化水平显著提高，全社会发展活力和创新活力明显增强。这主要体现为以下几个方面：

第一，全面依法治国取得历史性成就。中共十八大以来，以习近平同志为核心的中共中央着眼于中华民族伟大复兴战略全局和百年未有之大变局，把全面依法治国纳入"四个全面"战略布局，大力推进中国特色社会主义法治建设发生历史性变革。2020年11月中央全面依法治国工作会议明确了习近平法治思想在全面依法治国中的指导地位，这在中国社会主义法治建设进程中是一件具有深远意义的大事。习近平法治思想的形成，标志着全面依法治国实践达到了新的历史高度。第二，社会主义民主政治迈出重大步伐。中共十八大以来，在党的集中统一领导下，中国大力发展全过程人民民主，加强人民当家作主制度保障，发挥社会主义协商民主重要作用，推进社会主义协商民主广泛、多层、制度化发展，保证人民在日常政治生活中有广泛持续深入参与的权利。爱国统一战线巩固发展，民族宗教工作创新推进。第三，全面从严治党取得重大成果。走中国特色社会主义政治发展道路，必须坚持党的领导、人民当家作主、依法治国有机统一。中共十八大以来，中共中央制定并颁布实施了一系列党内法规和规范性文件，以党的政治建设为统领，全面推进党的政治建设、思想建设、组织建设、作风建设、纪律建设，把制度建设贯穿其中，全面提高党的建设科学化水平。不断完善中国共产党的领导体制机制，党内民主更加广泛。第四，思想文化建设取得重大进展，群众性精神文明创建活动扎实开展。中国共产党对意识形态工作的领导进一步加强,党的理论创新全面推进,马克思主义在意识形态领域的指导地位更加鲜明。中国特色社会主义和中国梦深入人心,社会主义核心价值观和中华优秀传统文化广泛弘扬。新时代的主旋律更加响亮,正能量更加强劲,中国特色社会主义文化自信得到彰显,国家文化软实力和中华文化影响力大幅提升,全党全社会思想上的团结统一更加巩固。[1]

新时代十年的伟大实践再次证明,中国共产党所具有的无比坚强的领导力,是风雨来袭时中国人民最可靠的主心骨。中国特色社会主义制度所具有的显著优势,是抵御风险挑战、提高国家治理效能的根本保证。十年里取得的伟大成就,彰显了中国社会主义经济的雄厚物质基础和中国人民的强大精神力量,彰显了中华文明基因的深厚底蕴和伟力,彰显了中国特色社会主义道路的广阔前景,彰显了中国特色社会主义道路自信的历史必然。经过这十年,中国人民变得更加团结进取、刚毅自信了,中华民族的优秀传统和精神力量进一步传承和发扬光大了,中国共产党领导和社会主义制度的优越性更加巩固了,中国特色社会主义在成长中更加壮大和成熟了,中国特色社会主义道路的前景更加开阔和明朗了。

综上所述,中国特色社会主义道路的形成与发展是一个接力前行、代代传承的历史过程。"人们自己创造自己的历史,但是他们

---

[1] 习近平:《决胜全面建成小康社会 夺取新时代中国特色社会主义伟大胜利——在中国共产党第十九次全国代表大会上的报告》,人民出版社2017年版,第4—8页。

并不是随心所欲地创造,并不是在他们自己选定的条件下创造,而是在直接碰到的、既定的、从过去承继下来的条件下创造。"[1] 历史清楚地表明,中国特色社会主义道路,是在改革开放40多年的伟大实践中走出来的,是在新中国成立70多年的持续探索中走出来的,是在中国共产党成立100多年的不懈奋斗中走出来的,是在近代以来180多年中华民族发展历程的深刻总结中走出来的,是在对中华民族5000多年悠久文明的传承中走出来的。历史充分证明,社会主义在中国落地生根,中国特色社会主义在中国形成发展,是合理的、必然的。[2] 中国特色社会主义道路的早期探索、开创与发展、开创新时代,是一个不断奋力拼搏的连续的历史过程。每一代人的努力都离不开前人通过艰辛探索和奋斗所取得的成果。正如习近平总书记所说:学史明理,学史增信,学史崇德,学史力行。今天我们回顾中国特色社会主义道路的形成与发展史,正是为了进一步坚定自信,接力前行,推进中国特色社会主义伟大事业不断取得新胜利!

---

[1] 《马克思恩格斯文集》第二卷,人民出版社2009年版,第470—471页。
[2] 中共中央党史研究室:《中国共产党的九十年》,中共党史出版社、党建读物出版社2016年版,第1003页。

第一章
什么是中国特色社会主义道路？

中国特色社会主义是中国共产党团结带领中国人民历经千辛万苦、付出巨大代价取得的根本成就。中国特色社会主义道路是始终坚持从中国国情出发探索并形成的符合中国实际的正确道路。我们坚持和发展中国特色社会主义，推动物质文明、政治文明、精神文明、社会文明、生态文明协调发展，创造了中国式现代化新道路，创造了人类文明新形态。以史为鉴、开创未来，必须坚持和发展中国特色社会主义。中国特色社会主义道路，是创造人民美好生活、实现中华民族伟大复兴的康庄大道。这条道路符合中国实际、反映中国人民意愿、适应时代发展要求。脚踏中华大地，传承中华文明，坚定不移走中国特色社会主义道路，中国共产党具有无比广阔的舞台，具有无比深厚的历史底蕴，具有无比强大的前进定力。"中国特色社会主义""中国特色社会主义道路"是既相互关联又有区别的两个概念。中国特色社会主义，是以中国特色社会主义共同理想为追寻的道路、理论体系、制度和文化的统一体。中国特色社会主义道路，是实现中国特色社会主义的必由路径。

中国特色社会主义是社会主义，不是别的什么主义。习近平总书记指出："科学社会主义基本原则不能丢，丢了就不是社会主义。"[1]"中国特色社会主义，是科学社会主义理论逻辑和中国社会发展历史逻辑的辩证统一，是根植于中国大地、反映中国人民意愿、适应中国和时代发展进步要求的科学社会主义，是全面建成小康社会、加快推进社会主义现代化、实现中华民族伟大复兴的必由之路。"[2]这个论断简明深刻地回答了什么是社会主义：坚持科学社会主义基本原则，才是真正的社会主义。20世纪初，科学社会主义传入中国，改变了近代中国社会的历史进程，也改变了中国人民和中华民族的命运。进入21世纪，面对生态危机、社会危机、恐怖主义等全球性问题，世界各国的社会主义者试图寻求一条新的发展路径，于是各种社会主义思潮应运而生，其中主要包括民主社会主义、市场社会主义、生态社会主义和新社会主义等。一方面，这些社会主义思潮具有关怀民生、提倡民主、关注生态、注重公平的理论价值；另一方面，它们与科学社会主义有着本质区别。无论这些思潮怎样变形，其试图在不触动资本主义制度前提下寻求改良道路的实质并未改变。中国特色社会主义，与这些形形色色的新老社会主义思潮有着根本区别，它坚持

---

[1] 《习近平谈治国理政》第一卷，外文出版社2018年第二版，第22页。
[2] 同上，第21页。

的是科学社会主义基本原则。

中国特色社会主义是科学社会主义基本原则与当代中国实际和时代特点紧密结合的产物。习近平总书记指出："在当代中国，坚持和发展中国特色社会主义，就是真正坚持社会主义。"[1] 中国特色社会主义，既坚持了科学社会主义基本原则，又根据时代条件赋予其鲜明的中国特色，以全新的视野深化了对共产党执政规律、社会主义建设规律、人类社会发展规律的认识，从理论和实践结合上系统回答了在中国这样人口多底子薄的东方大国建设什么样的社会主义、怎样建设社会主义这个根本问题。实践充分证明，中国特色社会主义是当代中国发展进步的根本方向，只有中国特色社会主义才能发展中国。坚持中国特色社会主义，就是要坚定中国特色社会主义理想信念，坚持中国特色社会主义道路，坚持中国特色社会主义理论体系，坚持中国特色社会主义制度，坚持中国特色社会主义文化。在中国特色社会主义这个统一体中，理想信念是前进方向，道路是实现路径，理论体系是行动指南，制度是根本保障，文化是根基，它们统一于中国特色社会主义伟大实践中。

从"中国特色社会主义"这一科学命题的提出，到中国特色社会主义道路的确立和发展，中国共产党对中国特色社会主义道

---

[1]《习近平谈治国理政》第一卷，外文出版社2018年第二版，第9页。

路内涵的认识逐步深化。中国特色社会主义道路的提出经历了一个循序渐进的过程。1982年9月，邓小平在中共十二大上明确提出："把马克思主义的普遍真理同我国的具体实际结合起来，走自己的道路，建设有中国特色的社会主义，这就是我们总结长期历史经验得出的基本结论。"[1] 此后，中国共产党开始探索建设中国特色社会主义的伟大实践。进入21世纪，在中国特色社会主义道路经过20多年探索取得巨大成就的基础上，中国共产党开始对中国特色社会主义道路的内涵加以表述。2003年12月，胡锦涛同志指出："我们要坚持的道路，就是邓小平同志开辟的、以江泽民同志为核心的党的第三代中央领导集体坚持并发展了的中国特色社会主义道路。坚持这条道路，就要坚持中国共产党领导和社会主义制度，坚持并在实践中不断完善有利于推动中国特色社会主义事业蓬勃发展的各方面的体制制度和方针政策，更好实现社会主义现代化和中华民族伟大复兴。"[2] 这是对这一道路之内涵的最初表述。2007年，中共十七大报告系统地阐述了这一道路的内涵："中国特色社会主义道路，就是在中国共产党领导下，立足基本国情，以经济建设为中心，坚持四项基本原则，坚持改革开放，解放和发展社会生产力，巩固和完善社会主义制度，建设社会主义市场经济、社会主义民主政治、社会主义先进文化、

---

[1] 《邓小平文选》第三卷，人民出版社1993年版，第3页。

[2] 《胡锦涛文选》第二卷，人民出版社2016年版，第141页。

社会主义和谐社会，建设富强民主文明和谐的社会主义现代化国家。"[1] 2012年，中共十八大报告进一步阐述了中国特色社会主义道路的科学涵义："中国特色社会主义道路，就是在中国共产党领导下，立足基本国情，以经济建设为中心，坚持四项基本原则，坚持改革开放，解放和发展社会生产力，建设社会主义市场经济、社会主义民主政治、社会主义先进文化、社会主义和谐社会、社会主义生态文明，促进人的全面发展，逐步实现全体人民共同富裕，建设富强民主文明和谐的社会主义现代化国家。"[2] 与中共十七大报告的表述相比较，这一论述引人注目地增加了"社会主义生态文明""促进人的全面发展""逐步实现全体人民共同富裕"等三个方面的新内容，深刻反映了中国共产党对中国特色社会主义道路科学内涵认识的深化。

从中共十八大关于"中国特色社会主义道路"的表述来看，"中国特色社会主义道路"的科学涵义包括以下几个方面：

---

[1] 胡锦涛：《高举中国特色社会主义伟大旗帜 为夺取全面建设小康社会新胜利而奋斗——在中国共产党第十七次全国代表大会上的报告》，人民出版社2007年版，第11页。

[2] 胡锦涛：《坚定不移沿着中国特色社会主义道路前进 为全面建成小康社会而奋斗——在中国共产党第十八次全国代表大会上的报告》，人民出版社2012年版，第12页。

一、坚持中国共产党的领导

走中国特色社会主义道路，必须坚持中国共产党的领导。中国特色社会主义道路，从最初的探索到开创，从艰难地向前推进到新时代的坚持与发展，都离不开中国共产党的领导。可以说，没有中国共产党的领导就没有中国特色社会主义道路。中国共产党是中国特色社会主义事业的领导核心。中国共产党领导是中国特色社会主义最本质的特征。

中国共产党是一个全心全意为人民服务的党。

中国共产党始终把人民放在心中最高位置，依靠人民不断取得胜利。它一经诞生就把人民装在心里，镌刻在自己的旗帜上，始终践行着为人民谋幸福、为民族谋复兴的初心和使命。回顾一百多年的中共党史，在革命、建设和改革的不同历史时期，在事关中华民族前途命运的重大关头，中国共产党都坚持把人民放在心中最高位置，都是从人民利益出发，对人民有利的就坚持去做，对人民不利的就坚决反对。

1934年11月，在湖南汝城县沙洲村，3名女红军借宿徐解秀老人家中，临走时，把自己仅有的一床被子剪下一半给老人留下了。老人说，什么是共产党？共产党就是自己有一条被子，也要剪下半条给老百姓的人。

今天，在中国共产党的坚强领导下，中国特色社会主义已经进入了新时代。新时代，中国共产党人依然牢记自己的初心和使命，从来没有忘记"我是谁""为了谁"。中国共产党能够做到为了人民不怕牺牲，因为它来自人民，植根人民。作为马克思主义政党，它没有任何自己特殊的利益，从来不代表任何特殊利益集团、任何权势团体、任何特权阶层，而是具有广泛的代表性。

从1921年至1949年，中国共产党领导的革命队伍中，有名可查的烈士就达370多万人。和平建设时期，在抗震救灾、抗洪抢险、应对突发事件等急难险重任务中，哪里有困难和危险，哪里就有共产党员。新冠肺炎疫情发生以来，近400名党员、干部为抗击疫情献出了宝贵生命。脱贫攻坚战中，1800多名党员、干部将生命定格在脱贫攻坚征程上。为人民牺牲的共产党员中，既有普通党员，也有党的高级领导干部，还有党的领袖的家人和亲属。毛泽东同志有六位亲人为革命而牺牲，其中五位是共产党员。[1]

中国共产党党员，就是一群既普通又不普通的中国人。每一位共产党员都是劳动人民中的普通一员，他们心中有家有国，有爱有担当，在日常生活、工作、学习中积极向上努力进取，发挥着先锋模范作用；面对危险和困难时，他们站在群众前面，把安

---

[1] 中共中央宣传部：《中国共产党的历史使命与行动价值》，人民出版社2021年版，第10—11页。

全留给群众，把危险留给自己，关键时刻能够为了国家和人民的利益挺身而出、不怕牺牲。

中国共产党的一切奋斗都是为了人民，同时也紧紧依靠人民。

一百多年来，中国共产党依靠人民取得了一个又一个伟大胜利：取得了新民主主义革命的胜利建立了新中国，取得了社会主义革命和建设的伟大胜利实现了人民真正当家作主，推进了改革开放和社会主义现代化建设走出了一条中国特色社会主义道路，推动党和国家事业发生了历史性变革、取得历史性成就，从而推动中国特色社会主义进入新时代。历史证明，中国共产党与中国人民同体一心、休戚与共、生死相依。

中国共产党领导是中国特色社会主义最本质的特征。

中国体量巨大、人口众多、国情复杂，求独立、求发展、求富强，必须有坚强有力的领导力量。中国共产党这样一个大党，在中国这样一个大国，能够把亿万人民团结和凝聚起来，一次次跨过急流险滩，一次次战胜困难危机，关键在于党高度团结统一，具有强大的领导力执政力。

中国共产党是按照民主集中制原则组织起来的马克思主义政党。维护党中央权威和集中统一领导，是一个成熟的马克思主义政党的重大建党原则。坚持民主集中制原则，坚持党中央权威和集中统一领导，坚持个人服从组织、少数服从多数、下级服从上级、全党服从中央，在充分发扬民主的基础上进行集中，是中国共产党在革命、建设、改革中形成的政治优势和宝贵经验。中共十八大以来，以习近平同志为核心的党中央采取一系列有力措施，全面加强党的领导，进一步坚持和维护党中央权威和集中统一领导。党中央鲜明提出，党政军民学，东西南北中，党是领导一切的，是最高政治领导力量；坚持党的领导，首先是坚持党中央权威和集中统一领导，这是党的领导的最高原则，是最根本的政治纪律和政治规矩。中共十九大将"中国特色社会主义最本质的特征是中国共产党领导，中国特色社会主义制度的最大优势是中国共产党领导，党是最高政治领导力量"确立为习近平新时代中国特色社会主义思想的重要内容，并把这一重大政治原则写入中国共产党党章。十三届全国人大一次会议通过宪法修正案，在宪法序言确定中国共产党的领导地位的基础上，又在总纲中明确规定中国共产党领导是中国特色社会主义最本质的特征，强化了中国共产党总揽全局、协调各方的领导地位。

维护党中央权威和集中统一领导，有坚强有力的领导核心是重中之重、要中之要。新民主主义革命时期，正是因为遵义会议事实上确立了毛泽东同志在党中央和红军的领导地位，开始形成以毛泽东同志为核心的党的第一代中央领导集体，革命事业才转危为安。中共十八大以来，正是因为确立了习近平同志党中央的核心、全党的核心地位，党的面貌、国家的面貌、人民的面貌、军队的面貌、中华民族的面貌才发生了前所未有的变化。一百多年来，中国共产党之所以能够统一思想、步调一致向前进，根本原因就是形成了坚强有力的领导核心；中国共产党不断发展壮大，克服重重艰难险阻而立于不败之地，中国共产党的领导核心发挥了独特的、不可替代的作用。历史和现实充分表明，全党有核心，党中央才有权威，党才有力量。党的领导核心并不意味着无限权力、任性决策，而是担负着为大党大国掌舵领航的重大职责。

中国共产党实行集中统一领导，符合人民利益，符合中国国情，符合中国历史文化传统，得到了人民广泛拥护，是党领导人民在长期探索实践中得出来的宝贵经验。坚决维护党中央权威和集中统一领导，坚决维护核心、捍卫核心、忠诚核心，是中国共产党和中国人民的共同认识和自觉行动。[1]

二、立足于总依据

走中国特色社会主义道路，必须立足于社会主义初级阶段这一总依据，即当代中国的最大国情、最大实际。社会主义初级阶段理论的形成经历了一个过程。早在1981年，中共十一届六中

---

[1] 中共中央宣传部：《中国共产党的历史使命与行动价值》，人民出版社2021年版，第39—44页。

全会通过的《中国共产党中央委员会关于建国以来党的若干历史问题的决议》就提出了"我们的社会主义制度还是处于初级的阶段"[1]这一重要论断，中共十三大报告对社会主义初级阶段问题第一次作了专门而又系统的阐发，标志着社会主义初级阶段理论的形成。中国还处于社会主义初级阶段这一论断包括两层含义：一是中国的社会已经是社会主义社会；二是中国的社会主义社会还处在初级阶段。

进入新时代，中国仍处于并将长期处于社会主义初级阶段这一基本国情没有变，推进中国特色社会主义伟大事业必须立足于这一基本国情。2017年中共十九大报告再次强调："必须认识到，我国社会主要矛盾的变化，没有改变我们对我国社会主义所处历史阶段的判断，我国仍处于并将长期处于社会主义初级阶段的基本国情没有变，我国是世界最大发展中国家的国际地位没有变。"[2] 2020年中共十九届五中全会明确了中国进入了新发展阶段的战略判断。正确理解关于中国处于社会主义初级阶段的基本国情，必须树立辩证思维，科学认识"变"与"不变"的内在关系。"不变"指的是社会主义初级阶段的基本国情并没有改变，这是中国

---

[1] 《中国共产党中央委员会关于建国以来党的若干历史问题的决议》，人民出版社1981年版，第53页。

[2] 习近平：《决胜全面建成小康社会 夺取新时代中国特色社会主义伟大胜利——在中国共产党第十九次全国代表大会上的报告》，人民出版社2017年版，第12页。

特色社会主义事业继续向前推进的总依据；"变"指的是社会主义初级阶段是一个动态的过程，经过几十年积累，社会主义初级阶段已经站在了一个新的起点上，进入了新发展阶段。

新发展阶段意味着，中国的社会主要矛盾已经转化为人民日益增长的美好生活需要和不平衡不充分的发展之间的矛盾。社会主要矛盾发生的新变化主要体现为：一方面，我国社会生产力水平总体上显著提高，社会生产能力在很多方面进入世界前列，十几亿人的温饱问题已经解决，全面建成小康社会的目标已实现。另一方面，人民美好生活需要日益广泛，不仅对物质文化生活提出了更高要求，而且在民主、法治、公平、正义、安全、环境等方面的要求日益增长，与此同时发展不平衡不充分的问题已经成为满足人民日益增长的美好生活需要的主要制约因素。立足于新时代的新发展阶段，中国应对社会主要矛盾发生的新变化及其带来的新挑战，必须贯彻落实好新的发展理念，即创新、协调、绿色、开放、共享。新发展理念，适合中国新发展阶段国情，顺应时代进步要求，对于破解这一阶段的发展难题、增强发展新动力、厚植发展新优势具有重要指导意义。

三、坚持基本路线

走中国特色社会主义道路，必须坚持"一个中心、两个基本点"这一基本路线。这条基本路线是来之不易、逐渐形成的。

中共十一届三中全会在总结历史经验的基础上，开始形成"一个中心、两个基本点"的基本思想，奠定了新时期中国共产党的基本路线的基础。中共十三大在提出社会主义初级阶段理论的基础上，明确提出和概括了社会主义初级阶段的基本路线："领导和团结全国各族人民，以经济建设为中心，坚持四项基本原则，坚持改革开放，自力更生，艰苦创业，为把我国建设成为富强、民主、文明的社会主义现代化国家而奋斗。"[1]

中共十九大报告明确指出："全党要牢牢把握社会主义初级阶段这个基本国情，牢牢立足社会主义初级阶段这个最大实际，牢牢坚持党的基本路线这个党和国家的生命线、人民的幸福线，领导和团结全国各族人民，以经济建设为中心，坚持四项基本原则，坚持改革开放，自力更生，艰苦创业，为把我国建设成为富强民主文明和谐美丽的社会主义现代化强国而奋斗。"[2] 这一概括说明，"一个中心、两个基本点"是中国特色社会主义道路内涵

---

[1] 《十三大以来重要文献选编》（上），人民出版社1991年版，第15页。

[2] 习近平：《决胜全面建成小康社会 夺取新时代中国特色社会主义伟大胜利——在中国共产党第十九次全国代表大会上的报告》，人民出版社2017年版，第12页。

的核心内容，是中国共产党和国家的生命线、中国人民的幸福线。

走中国特色社会主义道路，必须牢牢坚持中国共产党在社会主义初级阶段的基本路线。概括起来包括以下几个方面：

第一，领导和团结全国各族人民。作为中国特色社会主义事业的领导核心，中国共产党的基本任务有两个方面：一是领导全国各族人民，二是团结全国各族人民。这两个方面相辅相成。其中，中国共产党的领导是全面的领导。正如中共十九大报告所强调，"党政军民学，东西南北中，党是领导一切的"[1]。

第二，以经济建设为中心。"以经济建设为中心"不等于"以经济建设为唯一"，而是要同时推进政治建设、文化建设、社会建设和生态文明建设。进入新时代，"以经济建设为中心"不等于"单纯追求经济增长速度"，而是要以社会主要矛盾新变化为依据，着力解决好发展不平衡不充分的问题，大力提升经济增长的质量和效益，更好推动人的全面发展和社会的全面进步。

第三，坚持四项基本原则。四项基本原则，是中国的立国之本，是中国特色社会主义的根本保障。"四项基本原则"是邓小平于1979年提出来的，具体内容为："第一，必须坚持社会主义道路；第二，必须坚持无产阶级专政；第三，必须坚持共产党的领导；

---

[1] 习近平：《决胜全面建成小康社会 夺取新时代中国特色社会主义伟大胜利——在中国共产党第十九次全国代表大会上的报告》，人民出版社2017年版，第20页。

第四，必须坚持马列主义、毛泽东思想。"[1] 其中的第二项"必须坚持无产阶级专政"后来演化为"必须坚持人民民主专政"。根据 2016 年《中国共产党第十八届中央委员会第六次全体会议公报》，坚持四项基本原则，根本是坚持中国共产党的领导，坚持中国特色社会主义道路、中国特色社会主义理论体系、中国特色社会主义制度、中国特色社会主义文化。

第四，坚持改革开放。改革开放，是中国特色社会主义的根本动力。坚持改革开放，就意味着不仅要改革，还要开放。在新时代，坚持改革开放意味着要坚持全面深化改革、全面扩大开放，将改革开放进行到底。

第五，自力更生，艰苦创业。"自力更生，艰苦创业"，是中国共产党的优良传统和优良作风，是中国特色社会主义的根本立足点。强调"自力更生，艰苦创业"，不能将"自力更生"和"艰苦创业"狭隘化，而应该辩证地理解"自力更生"与"对外开放"、"艰苦创业"与"改善民生"的内在统一关系。

第六，为把我国建设成为富强民主文明和谐美丽的社会主义现代化强国而奋斗。这是中国特色社会主义的奋斗目标。中共十九大提出这一奋斗目标，意味着在新时代，我们要建设的不是一般的"社会主义现代化国家"，而是"富强民主文明和谐美丽

---

[1] 《邓小平文选》第二卷，人民出版社 1994 年版，第 164—165 页。

的社会主义现代化强国"。"社会主义现代化强国"不是抽象的，而是具体的。

四、强调总布局

走中国特色社会主义道路，必须强调总布局，即"五位一体"总体布局。具体而言，就是要坚持"以经济建设为中心，在经济不断发展的基础上，协调推进政治建设、文化建设、社会建设、生态文明建设以及其他各方面建设"[1]。其中，"生态文明建设"在中共十八大报告中被首次纳入中国特色社会主义事业总体布局，体现了生态文明建设地位和作用的日益凸显，也体现了中国共产党对社会主义建设规律在实践和认识上的不断深化，目的是促进生产关系与生产力、上层建筑与经济基础相协调。

中国特色社会主义经济建设、政治建设、文化建设、社会建设、生态文明建设是"五位一体"的总体布局；全面建设社会主义现代化国家、全面深化改革、全面依法治国、全面从严治党是"四个全面"的战略布局，总体布局和战略布局共同构成了中国特色社会主义事业的四梁八柱，二者是相辅相成的辩证统一关系。"五位一体"总体布局是"四个全面"战略布局的实施前提和载体，"四

---

[1] 《习近平谈治国理政》第一卷，外文出版社2018年第二版，第11页。

个全面"战略布局则是"五位一体"总体布局的实现手段和保障。总体布局和战略布局一体两面,充分体现了中国特色社会主义建设强调全面性、协调性、创新性和过程性的鲜明特征,蕴含着丰富的中华文化和中国精神。

五、明确总任务

走中国特色社会主义道路,必须明确总任务,即"实现社会主义现代化和中华民族伟大复兴"[1]。中共二十大报告指出:"从现在起,中国共产党的中心任务就是团结带领全国各族人民全面建成社会主义现代化强国、实现第二个百年奋斗目标,以中国式现代化全面推进中华民族伟大复兴。"[2]

中国式现代化不同于几十万人、几百万人、几千万人的现代化,而是14亿多人口的现代化,是人口规模巨大的现代化。"人口规模巨大"这一鲜明特征,决定了中国式现代化的发展途径和推进方式必然具有自己的特点。十四亿多人口要整体迈入现代化社会,其艰巨性和复杂性前所未有,我们必须坚持和加强党中央集中统一领导,才能团结一切可以团结的力量战胜前进道路上各

---

[1] 《习近平谈治国理政》第一卷,外文出版社2018年第二版,第10页。
[2] 习近平:《高举中国特色社会主义伟大旗帜 为全面建设社会主义现代化国家而团结奋斗——在中国共产党第二十次全国代表大会上的报告》,人民出版社2022年版,第21页。

种风险挑战。中国式现代化是全体人民共同富裕的现代化。中国共产党人团结带领全国各族人民创造了人类减贫史上的奇迹，在消除绝对贫困中为持续推进人口规模巨大的现代化奠定了坚实基础，伴随着全面建设社会主义现代化新征程向前推进，人民群众必将共享更多现代化成果，实现更加美好的生活。中国式现代化是物质文明和精神文明相协调的现代化。我们不仅厚植现代化的物质基础、夯实人民幸福生活的物质条件，还大力发展社会主义先进文化，促进物的全面丰富和人的全面发展。中国式现代化还是人与自然和谐共生的现代化。我们像保护眼睛一样保护自然和生态环境，坚定不移走生产发展、生活富裕、生态良好的文明发展道路，实现中华民族永续发展。中国式现代化同时也是走和平发展道路的现代化。我们坚定站在历史正确的一边、站在人类文明进步的一边，在坚定维护世界和平与发展中谋求自身发展，又以自身发展更好维护世界和平与发展。

实现总任务，是中国共产党的初心和使命。中国共产党自成立那天起就肩负着实现中华民族伟大复兴的历史使命。推进中国式现代化，就是把我国建设成为"富强民主文明和谐美丽的社会主义现代化强国"[1]。这里的"富强民主文明和谐美丽"，既明确

---

[1] 习近平：《决胜全面建成小康社会 夺取新时代中国特色社会主义伟大胜利——在中国共产党第十九次全国代表大会上的报告》，人民出版社2017年版，第19页。

了实现社会主义现代化强国的行动纲领，又指出了走中国特色社会主义道路的具体路径，即按照"五位一体"总体布局，推进中国特色社会主义经济建设、政治建设、文化建设、社会建设和生态文明建设。

中国共产党领导中国人民进行革命建设改革，建设富强民主文明和谐美丽的社会主义现代化强国，最终目标就是"要让中国人民富裕起来，国家强盛起来，振兴伟大的中华民族"[1]。

1　《习近平谈治国理政》第一卷，外文出版社2018年第二版，第12页。

第二章

为什么沿着中国特色社会主义道路锲而不舍走下去?

中国共产党成立以来的一百多年，是中华民族浴火重生的一百多年，也是中华文明凤凰涅槃的一百多年。一百多年前的中国风云激荡，一度有几百个党派，但大浪淘沙，最终只有中国共产党站在了历史的潮头。历史和人民选择了中国共产党。究其根本，就在于中国共产党在推进马克思主义中国化时代化的伟大进程中，选择了正确的道路、理论、制度。这条道路就是中国特色社会主义道路。

中国特色社会主义道路来之不易，它是在改革开放40多年的伟大实践中走出来的，是在中华人民共和国成立70多年的持续探索中走出来的，是在对近代以来180多年中华民族发展历程的深刻总结中走出来的，是在对中华民族5000多年悠久文明的传承中走出来的，具有深厚的历史渊源和广泛的现实基础。我们选择中国特色社会主义道路并非偶然，而是有着深刻的历史必然性。

从理论视角来看，中国特色社会主义道路是马克思主义与中华文明在高度契合基础上深度融合的结果,是既具有现代性又具有民族性、既符合马克思主义普遍原理又符合中华文明根本精神的独特发展道路。从实践视角来看,中国特色社会主义道路是在近代以来中华民族从"站起来""富起来"到"强起来"的历史进程中逐渐确立和发展起来的,是根植于中国大地、反映人民意愿、适应中国和时代发展进步要求的正确道路。

进入新时代,中国特色社会主义道路是在国内外形势发生深刻变化的情况下不断满足人民对美好生活向往的唯一正确选择,是全面建成小康社会、加快推进社会主义现代化、实现中华民族伟大复兴的必由之路。为什么中国共产党要带领中国人民锲而不舍沿着中国特色社会主义道路走下去?因为这条道路代表真理的方向,深深扎根于中华文明土壤之中,经历了血与火的考验,与中华文化的前进方向高度契合,与中国人民对美好生活的向往完全一致。

一、真理的力量

走中国特色社会主义道路,符合人类社会发展的必然规律,拥有强大的真理力量。马克思主义正是中国特色社会主义的真理之源。

纵览中国共产党一百多年的光辉历程，马克思主义中国化时代化是贯穿始终的一条重要主线。在这一伟大的历史进程中，中国共产党带领全国各族人民实现新民主主义革命的胜利从而建立了新中国、完成新民主主义社会向社会主义社会的过渡确立了社会主义制度、经过社会主义建设的艰辛探索进而开创了中国特色社会主义道路。中国共产党之所以能带领全国各族人民取得革命、建设和改革开放的伟大胜利和巨大成就，其中有一条最基本的经验就是坚持把马克思主义基本原理同中国具体实际、同中华优秀传统文化相结合，探索出一条适合中国国情的革命和建设道路。"'结合'筑牢了道路根基，让中国特色社会主义道路有了更加宏阔深远的历史纵深，拓展了中国特色社会主义道路的文化根基。"[1]中国特色社会主义道路和道路自信，是不断推进马克思主义中国化时代化的必然结果，马克思主义中国化时代化与中国特色社会主义道路，二者之间存在着与生俱来的内在统一关系。

马克思主义的真理光芒是永恒的。"在人类思想史上，就科学性、真理性、影响力、传播面而言，没有一种思想理论能达到马克思主义的高度，也没有一种学说能像马克思主义那样对世界产生了如此巨大的影响。这体现了马克思主义的巨大真理威力和

---

[1] 习近平：《担负起新的文化使命 努力建设中华民族现代文明》，《人民日报》2023年6月3日，第一版。

强大生命力,表明马克思主义对人类认识世界、改造世界、推动社会进步仍然具有不可替代的作用。"[1] 马克思关于唯物史观和剩余价值论的两大发现,揭示了人类社会发展的普遍规律,得出了资本主义社会必然灭亡、社会主义社会必然胜利的结论,为解放全人类和实现人的自由而全面发展指明了前进的方向。

马克思主义基本原理的科学性已经在实践中反复得到了证明。1949年,毛泽东同志在纪念中国共产党成立28周年大会上的讲话中指出:"我们党走过二十八年了,大家知道,不是和平地走过的,而是在困难的环境中走过的,我们要和国内外党内外的敌人作战。谢谢马克思、恩格斯、列宁和斯大林,他们给了我们以武器。这武器不是机关枪,而是马克思列宁主义。"[2] 1956年9月,毛泽东同志再次指出:"我国的革命和建设的胜利,都是马克思列宁主义的胜利。"[3] 正是在马克思主义的指引下,中国共产党团结带领全国各族人民取得了革命、建设和改革开放的伟大胜利,成功探索、开创、推进、坚持和发展了中国特色社会主义道路,从而树立了中国特色社会主义道路自信。"时代在变化,社会在发展,但马克思主义基本原理依然是科学真理。尽管我们所处的时代同马克思所处的时代相比发生了巨大而深刻的变化,

---

[1] 《习近平谈治国理政》第二卷,外文出版社2017年版,第65页。

[2] 《毛泽东选集》一卷本,人民出版社1964年版,第1358页。

[3] 《毛泽东文集》第七卷,人民出版社1999年版,第116页。

但从世界社会主义500年的大视野来看，我们依然处在马克思主义所指明的历史时代。这是我们对马克思主义保持坚定信心、对社会主义保持必胜信念的科学根据。马克思主义就是我们党和人民事业不断发展的参天大树之根本，就是我们党和人民不断奋进的万里长河之泉源。"[1] 马克思主义是我们党的灵魂和方向，因此在坚持以马克思主义为指导这一根本问题上，我们在任何时候任何情况下都必须坚定不移。

马克思主义从来不是教条，而是发展的开放的理论。马克思主义作为普遍真理只有和各个国家的实际情况和时代特征结合起来才能成为指导实践的科学指南。马克思和恩格斯从来反对把他们提出的理论当成可以到处照搬的教条，在《给〈祖国纪事〉杂志编辑部的信》中，马克思以古代罗马平民所遭遇的命运为例，说道："极为相似的事变发生在不同的历史环境中就引起了完全不同的结果。"[2] 在这里，马克思指出，当我们在运用理论来指导实践时，必须结合具体的历史环境和条件，世界上没有万能的钥匙，因为任何科学理论都不是超历史的。恩格斯告诫人们说："马克思的整个世界观不是教义，而是方法。它提供的不是现成的教条，而是进一步研究的出发点和供这种研究使用的方法。"[3] 唯物

1　《习近平谈治国理政》第二卷，外文出版社2017年版，第66页。
2　《马克思恩格斯选集》第三卷，人民出版社2012年版，第730页。
3　《马克思恩格斯文集》第十卷，人民出版社2009年版，第691页。

史观是科学的世界观,它揭示了人类社会发展的真正的动力,告诉我们观察人类社会和分析问题的科学方法,但它不是僵化的而是具有创造性的科学。列宁指出,"我们决不把马克思的理论看作某种一成不变的和神圣不可侵犯的东西;恰恰相反,我们深信:它只是给一种科学奠定了基础"[1]。在列宁看来,只有把马克思主义基本原理与各国实际结合起来,才能找到革命成功的正确道路,俄国的革命实践也证明了这一道理。

把马克思主义基本原理同中国具体实际、同中华优秀传统文化相结合,是中国革命、建设和改革开放取得成功的基本经验。毛泽东同志指出:"成为伟大中华民族的一部分而和这个民族血肉相联的共产党员,离开中国特点来谈马克思主义,只是抽象的空洞的马克思主义。因此,使马克思主义在中国具体化,使之在其每一表现中带着必须有的中国的特性,即是说,按照中国的特点去应用它,成为全党亟待了解并亟须解决的问题。"[2]任何一个国家,在运用马克思主义理论来指导本国实践时,都必须结合本国的实际情况,既不能照搬照抄马克思主义理论,也不能照搬照抄别国经验,中国是这样,别的国家也是如此。改革开放以后,邓小平同志在多次讲话中都强调了同样的道理。他指出:"我们

---

[1] 《列宁选集》第一卷,人民出版社1995年版,第274页。

[2] 《毛泽东选集》第二卷,人民出版社1991年版,第534页。

的现代化建设，必须从中国的实际出发。无论是革命还是建设，都要注意学习和借鉴外国经验。但是，照抄照搬别国经验、别国模式，从来不能得到成功。这方面我们有过不少教训。把马克思主义的普遍真理同我国的具体实际结合起来，走自己的道路，建设有中国特色的社会主义，这就是我们总结长期历史经验得出的基本结论。"[1]

不断推进马克思主义中国化时代化是中国特色社会主义道路的真理源泉。习近平总书记在庆祝中国共产党成立100周年大会上的讲话中指出："以史为鉴、开创未来，必须继续推进马克思主义中国化。马克思主义是我们立党立国的根本指导思想，是我们党的灵魂和旗帜。中国共产党坚持马克思主义基本原理，坚持实事求是，从中国实际出发，洞察时代大势，把握历史主动，进行艰辛探索，不断推进马克思主义中国化时代化，指导中国人民不断推进伟大社会革命。中国共产党为什么能，中国特色社会主义为什么好，归根到底是因为马克思主义行！"[2] 只有不断推进马克思主义中国化时代化，在理论创新与实践创新的结合中回答新时代的新问题，才能回应各种质疑和挑战，从而推进中国特色社会主义道路实践开辟新境界。

1　《邓小平文选》第三卷，人民出版社1993年版，第2—3页。

2　《习近平谈治国理政》第四卷，外文出版社2022年版，第9—10页。

进入新时代，以习近平同志为核心的中共中央团结带领全国各族人民坚持和发展中国特色社会主义道路，以巨大的政治勇气和强烈的责任担当，提出一系列新理念新思想新战略，出台一系列重大方针政策，推出一系列重大举措，推进一系列重大工作，解决了许多长期想解决而没有解决的难题，办成了许多过去想办而没有办成的大事，推动党和国家事业发生历史性变革，及时回答了时代之问和人民之问，拨开了长期萦绕在人们思想中的迷雾，形成了习近平新时代中国特色社会主义思想这一科学理论。习近平新时代中国特色社会主义思想，就是马克思主义基本原理运用于当代中国实际而产生的又一次思想飞跃，是马克思主义中国化时代化的最新成果，是指导新时代中国特色社会主义伟大事业的行动指南。这一巨大成就的取得，是中国共产党人坚持理论联系实际，不断推进马克思主义中国化时代化进程的必然结果。新的征程上，立足于新时代的历史方位，着眼于民族复兴的伟大目标，在中国特色社会主义道路实践中不断推进马克思主义中国化时代化，用马克思主义中国化时代化最新理论成果即习近平新时代中国特色社会主义思想指导中国特色社会主义实践，是我们坚定道路自信的真理之源。

二、文化的根基

中国特色社会主义道路的根脉深深扎在中华五千年文明的土壤之中，在中华优秀传统文化的滋养中始终拥有强大的生命力。

不同国家和民族的文化差异，深刻影响着这些国家和民族对发展道路的选择。一个民族的发展道路必然深深植根于它的民族文化之中。中华民族有着五千年的悠久历史，孕育了丰富灿烂的中华文明。中华文明正如血脉和基因一样，熔铸于中华民族的自我认同之中，影响着中华民族的发展方向。任何外来文化必须与中华文明的根本精神相调适，必须与中华民族的文化心理相契合，才能真正得到中国人民的认可，进而在中国大地上生根发芽。在中华民族发展史上，马克思主义中国化时代化，就是一代代中国共产党人不断把马克思主义基本原理同中国具体实际相结合、同中华优秀传统文化相结合的历史过程。中国特色社会主义道路，是马克思主义中国化时代化的必然结果和伟大成就。中国特色社会主义道路之所以与众不同，就在于它深深扎根于中华民族的历史文化传统之中。这条道路取得巨大成功的深层次文化根源，就是马克思主义与中华文化的内在契合。这种内在契合促使马克思主义从"外来"转化为"本来"，同时推动中华文明从"传统"转化为"现代"，从而决定了中国特色社会主义道路的基本特质。

（一）中国特色社会主义道路的历史文化根基源于"大一统"的政治传统

一个国家，一个民族，道路的选择与其文化传统是不可分离的。中华民族独特的文化传统塑造了中国与众不同的发展道路。今日之中国所呈现给我们的疆域、人种、民族、文化、社会和山川风貌，都是祖先留给我们的遗产。同样，中国人民所选择的中国特色社会主义道路，也充分体现了对中华优秀传统文化的传承。从历史文化的视角来看，中国特色社会主义道路有一个鲜明特点，就是在国家治理领域强调"大一统"的政治传统。

大一统是中国政治文化的基础与前提。从可查阅的典籍和相关论述来看，作为中国政治文化的"大一统"，集中体现着三层含义：一是领土完整；二是中央集权；三是文化本位。

由于受到独特的地理背景及其在此基础上形成的经济形态的影响，"中国在很早时期，便已凝成一个统一的大国家"[1]。而"大一统"思想则萌芽于春秋战国，发育于秦汉，成熟于元、明、清。在先秦时期的典籍中，"大一统"思想的萌芽处处可见。《尚书》颂扬尧的光辉普照四方，才智与美德使九州和睦。《诗经》歌颂商汤王、周文王的业绩，都反映了当时对"大一统"的向往。《诗

---

[1] 钱穆：《中国文化史导论》，商务印书馆1994年版，第14页。

经》里记载:"溥天之下,莫非王土。率土之滨,莫非王臣。"[1]正如钱穆先生所言:"周初封建时代,虽同时有一两百个国家存在,但此一两百国家,各各向着一个中心,即周天子。正如天空的群星,围拱一个北斗,地面的诸川,全都朝宗于大海。"[2]可见,周王是各地诸侯的"共主",天下人都是他的臣民。孔子一生主张实现"一匡天下"的政治局面。孟子也说"定于一"[3],认为天下归于一统才会安定。荀子、管子、韩非子的思想也表达了这一愿望。明确提出并阐述"大一统"观念的是《春秋公羊传》:"元年,春,王,正月。元年者何?君之始年也。春者何?岁之始也。王者孰谓?谓文王也。曷为先言王而后言正月?王正月也。何言乎王正月?大一统也。"[4]它以周文王为天下一统的象征和核心。春秋战国,诸侯纷争,战事频仍,大动荡社会,趋势是走向一统,一统是人民的向往。这种向往和运动趋势反映到人们头脑中,就形成了"大一统"思想。数千年来,追求国家统一、维护民族团结成为中国历代政治家、思想家和普通民众的思想共识。与西方文明主流文

---

[1] 《诗经:风雅颂》,弘丰注析,细井徇等撰绘,北京燕山出版社2019年版,第438页。

[2] 钱穆:《中国文化史导论》,商务印书馆1994年版,第48页。

[3] 《孟子》,万丽华、蓝旭译注,中华书局2016年版,第11页。

[4] 《春秋公羊传注疏》(上),[汉]何休解诂,[唐]徐彦疏,刁小龙整理,上海古籍出版社2014年版,第6—12页。

化和政治传统孕育形成的分权制衡的国家制度架构截然不同,"大一统"的政治传统体现了中华文明的整体性思维特征,强调天地万物以及人类社会是一个有机联系的统一整体,从而在政治思想和实践中强调中央集权的国家制度和政治体制。

"大一统"的政治理念强调,在国家架构中必须有一个政治中心作为整合整个国家和社会的核心力量,这个政治力量必须是强大的、先进的和拥有道义制高点的。在中国古代政治史上,"大一统"政治责任的承担者是天子(皇帝)和朝廷。近代以来,传统的王朝模式已经无法有效回应近代中国聚合民众、抵抗侵略、维护国家统一的时代课题;然而,时代仍然呼唤一个强大的政治力量以现代方式重新实现国家统一。历史证明,北洋政府和国民党政府都无法承担这一重任,只有新生的中国共产党有效地凝聚了国家力量和人民意志,带领中国人民完成了历史的重任,建立了崭新的社会主义国家,并带领着国家和民族不断前进。

中国共产党是按照马克思主义政党理论组织起来的无产阶级政党。马克思主义指出,无产阶级是现代大工业的产物,代表了最先进的社会生产力,担负着推翻资本主义社会、建设一个新社会的历史使命。为实现这一历史使命,无产阶级必须建立自己的革命政党即共产党,作为无产阶级革命事业的领导力量。共产党没有自身的任何特殊利益,而是忠实地代表广大无产阶级的利益,同时也就是代表广大人民群众的利益。可以看到，中国共产党的基本性质和特征完全符合"大一统"理念对于核心政治力量的要求。首先，中国共产党作为无产阶级政党，以马克思主义这一科学理论为指导，代表无产阶级这一最先进的社会阶级，代表着未来人类社会发展的方向，具有高度的先进性。其次，中国共产党代表无产阶级和广大人民群众的根本利益，拥有最广泛的民心支持和道义支撑。再次，上述两点共同决定了中国共产党具有无比强大的政治力量。

由此可见，中国共产党之所以能够赢得广大人民群众的真心拥护，成为中国各项事业的领导核心，并非历史的偶然，而是有着深刻的文化根源。马克思主义政党理论和中华文明"大一统"政治理念的深度契合，决定了中国的现代国家建设必须在一个坚强有力的领导核心的主导下建构社会秩序、整合社会资源、维护公平正义、推动社会进步、引领民族复兴。这一文化逻辑落实于当代中国的发展道路，就是必须坚持中国共产党的领导。因此，中国共产党的领导核心地位，不仅是马克思主义政党理论的必然要求，同时也是中华文明"大一统"政治理念在现代中国国家建设事业中的具体体现。

中国共产党领导是中国特色社会主义最本质的特征，是中国特色社会主义制度的最大优势，也是中国道路的基本标识。坚持中国共产党的领导，不仅是近代以来中国历史和中国人民的选择，同时也是马克思主义政党理论和中华文明"大一统"理念的必然要求。在国家的最高政治领导和根本政治结构方面，马克思主义与中华文明有着高度一致的理解。

（二）中国特色社会主义道路的历史文化根基源于民惟邦本的价值原则

民本思想是中国传统政治文化的核心。早在殷周之际，政权合法性的主要内容就实现了从"尊神"向"敬德"的转变，而统治者"德"的基本内涵就是保民、爱民。《尚书》是中国现存最早的官方文书，也是儒家经典著作之一，书中所提出的"天视自我民视，天听自我民听""民惟邦本，本固邦宁"等政治思想成为民本思想的早期萌芽。"民惟邦本"，强调了人民是国家的根本，根本牢固国家才会安宁。

据史书记载，在中国古代西周时期，有一位贤臣名为召公。召公为官不怕辛劳，经常深入基层调查民情，并就地巡视办公。有一次，他在乡野间考察民情，太阳已落山，为了不打扰百姓，在甘棠树下搭了一个草棚住下。地方官吏知道后，想让百姓腾出房屋，召公得知后，马上制止：让我一个舒服，却让百姓辛劳，这不是仁政。召公便在甘棠树下休息，感到饥饿时就吃梨棠果子。他还告诫官员万不可滥砍滥伐，要好好保护甘棠树。召公的事迹广为流传,受到百姓的尊崇。[1]

从古代先贤治国理政的故事和言论来看,中国自古以来就是一个尊崇"民惟邦本"理念的国度,这一理念通过后人在政治思想和实践中不断发展,并代代相传。春秋战国时期,各主要思想流派都提出了自己的民本思想。孔子提出以"德治"为核心的治国原则,提倡统治者要"节用而爱人,使民以时"。孟子将其发展为"仁政"思想,并提出"民贵君轻""保民而王"等观点。荀子不仅看到了人民的力量,指出"君者舟也,庶民者水也;水则载舟,水则覆舟",而且进一步提出"天之生民,非为君也;天之立君,以为民也"的朴素民主思想。老子则指出"圣人无常心,以百姓心为心",认为统治者不应有私心私利,而是要以满足人民的需要为根本。此外,墨家的"兼爱""非攻",法家的"耕战为本"等主张都蕴含了重视人民的思想。此后,历代思想家对民本思想多有论述,逐渐形成了以儒家思想为主体、融墨法道等各家思想为一体的民本思想体系。

在明清之际的早期启蒙思潮中,民本思想有了新的发展,启蒙思想家将一姓之国与百姓之天下区分开来,主张改革不合理的君主专制制度以保障人民权利。这种思想与近代传入的现代民主

---

[1] 陈杰思编著:《五经读本》,中国人民大学出版社2016年版,第163页。

思想相融合，推动中国传统民本思想实现了根本性变革，"以民为本"真正成为现代国家的理论、制度和法律基础。中国共产党对这一政治文化传统进行了创造性的继承和转化，将其确立为立党执政的根本宗旨，从而赢得了广大人民群众的真诚拥护，拥有了最广泛的群众基础。

马克思主义传入中国后，之所以能够迅速被普通民众认可和接受，与其人民主体理论有着密切关系。历史唯物主义指出，应该从人民群众生活的社会条件及其变革来考察社会历史，而非如过去的历史理论那样从抽象的意识观念出发理解历史的运动。由此出发，马克思主义指出，是广大人民群众的生产生活实践创造了历史，人民群众不仅创造了物质财富和精神财富，而且在关键的历史时刻直接参与革命运动，并推动历史的发展；因此，应该现实地分析人民群众的实际生活状况和他们对于社会历史发展的根本推动作用。可以看到，在重视人民、以人民为中心这一根本价值立场上，马克思主义与中华文明同样具有高度的一致性。

作为马克思主义政党，中国共产党是广大中国人民根本利益的代表。坚持以人民为中心，全心全意为人民服务，不仅是中国共产党的根本宗旨，也是中国特色社会主义的鲜明特征。党的十九大报告指出，必须坚持以人民为中心的发展思想，不断促进人的全面发展、全体人民共同富裕。中国特色社会主义道路的这一根本价值立场,既是马克思主义人民主体理论的要求,也是中国传统"以民为本"政德观的体现。

中国道路的成功选择,根本原因就在于紧紧依靠人民的力量,融汇人民的智慧;中国道路的不断拓展,根本动力就在于充分尊重人民的智慧和创造精神;中国道路的最重大价值,就在于这是一条能够造福人民、不断增进人民福祉之路。可以说,中国特色社会主义道路,创造性地将中华文明"以民为本"的政治文化传统和马克思主义人民主体理论结合起来,并在实践中赋予其更加深刻的理论内涵和时代价值;而"以民为本"的传统政治理念和马克思主义人民主体理论则分别为中国特色社会主义道路赋予了更加深厚的文明积淀和更加科学的理论依据。

(三)中国特色社会主义道路的历史文化根基源于与时俱进的发展理念

改革创新是开辟和发展中国特色社会主义道路的重要动力之一。"坚持开拓创新"是中国共产党百年奋斗的一条重要历史经验。创新是一个国家、一个民族发展进步的不竭动力。越是伟大的事业,越充满艰难险阻,越需要艰苦奋斗,越需要开拓创新。中国共产党带领中国人民披荆斩棘、上下求索、奋力开拓、锐意进取,不断推进理论创新、实践创新、制度创新、文化创新以及其他各方面创新，敢为天下先，走出了前人没有走出的路，任何艰难险阻都没能阻挡住党和人民前进的步伐。[1]中国特色社会主义道路之所以能够行稳致远，就在于始终坚持一切从实际出发，实事求是，与时俱进，不断根据现实情况的变化发展对理论进行相应的调整，从而更好地指导实践。这是马克思主义实事求是思想路线的具体要求，也是中华文明与时俱进、革故鼎新发展观的当代体现。

中华文明自古具有推崇与时俱进、改革创新的传统。中国古人认为，世界的本来状态就是变动不居，天地自然运化生生不息，每时每刻都产生新的变化。在"天人合一"的传统世界观中，人类社会也应当自觉效法天道，根据主客观因素的变化，不断地进行自我革新。

对于这一点，古人早已有诸多论述。如《尚书》中就提到"德日新，万邦惟怀"，《大学》也指出要"苟日新，日日新，又日新"，这些更多地强调个人在德行修养方面的不断完善。另一方面，关于政治革新的论述也屡见不鲜。例如，《诗经》就认为"周虽旧邦，其命维新"[2]。

纵观中国古代史，会发现各种大大小小的改革贯穿其中，构

---

[1] 《中国共产党第十九届中央委员会第六次全体会议文件汇编》，人民出版社2021年版，第99页。

[2] 《诗经：风雅颂》，弘丰注析，细井徇等撰绘，北京燕山出版社2019年版，第510页。

成了一个强大的变法传统。著名者如管仲改革、商鞅变法、孝文帝改革、王安石变法、张居正变法、戊戌变法等等。它们大都是在时代发生大变动时，改革者为维护统治秩序、推动社会发展进行的，也都促进了社会的相应变革。

无独有偶，马克思主义方法论也同样强调要坚持实事求是、与时俱进，反对任何保守僵化、脱离实际的做法。实事求是的思想原则必然要求根据实际情况的变化对理论进行不断发展完善。正是有了这种发展的眼光，马克思主义才能不断与时俱进，永葆思想活力，不断探索时代发展提出的新课题、回应人类社会面临的新挑战。

中国共产党在革命、建设和改革的历史实践中，将中华文明与时俱进、革故鼎新的发展观与马克思主义方法论有机结合起来，将"一切从实际出发，理论联系实际，实事求是，在实践中检验真理和发展真理"确立为党的思想路线，成功地实现了马克思主义中国化时代化的理论飞跃，并指导现实实践不断取得成功。从革命时期开辟"农村包围城市，武装夺取政权"的中国革命道路，到建设时期艰苦探索"以苏为鉴，走自己的路"，都体现了实事求是、与时俱进的精神。而改革开放更成为中国特色社会主义道路的鲜明特征和强大动力。在新时代，中国共产党进一步将马克思主义基本原理同新时代中国具体实际结合起来，推动党和国家事业取得全方位、开创性历史成就，发生深层次、根本性历史变革，中华民族迎来了从富起来到强起来的伟大飞跃。这些事实充分证明，坚持马克思主义基本原理同中国具体实际相结合、同中华优秀传统文化相结合，不断推进马克思主义中国化时代化是完全正确的。

中国特色社会主义道路内在蕴涵着实事求是、与时俱进的思想原则，强调根据实践的发展及时改革创新，推进各项制度的改革和完善，从而不断赋予中国特色社会主义无限生机与活力。中国道路的这些特质，正是对中华文明发展观和马克思主义方法论的继承发扬和实践运用，也必将不断促进中国道路的开拓和发展。

（四）中国特色社会主义道路的历史文化根基源于"天下大同"的社会理想

共同富裕是中国特色社会主义的根本原则，是中国共产党人始终不渝的奋斗目标。将共同富裕作为根本原则，既是由中国特色社会主义道路的社会主义属性和共产主义理论所决定的，也深刻契合了中华文明追求财富均等、世界大同的社会理想。

中华文明是一种整体性思维，认为人与人、人与自然共处于同一个命运共同体中，各部分之间相互联系、相互依存，个体的命运和价值与他者以及整体密切相关，整体利益高于并优先于个体利益。这种集体主义的价值取向落实到社会层面，就是反对贫富悬殊、推崇社会公平，并进一步主张社会公有。这种社会理想被中国古代包括社会精英和普通民众在内的所有社会成员所共享，具有广泛而深厚的社会心理基础。

就社会精英而言，中国古代的思想家都主张社会财富的公平分配。例如，孔子明确指出"不患寡而患不均"，认为社会财富的公正分配是维护社会稳定和谐的重要因素。孟子激烈批判"庖有肥肉，厩有肥马，民有饥色，野有饿莩"的社会不公现象，主张恢复井田制，以解决贫富悬殊问题，保障普通民众的基本生活。墨子主张天下应该"兼相爱，交相利"。老子则从"天道"的高度指出应该"损有余而补不足"，而不能"损不足以奉有余"，其中蕴含了主张社会公平的思想。就普通民众而言，中国古代的农民起义大都是对社会两极分化、贫富悬殊的一种激烈抗议。例如，陈胜在号召戍卒起义时说"王侯将相宁有种乎"，王小波在起义时说"吾疾贫富不均，今为汝均之"，李自成起义则以"均田免粮"为口号。在太平天国起义中，《天朝田亩制度》描绘了一幅"有田同耕，有饭同食，有衣同穿，有钱同使，无处不均匀，无人不饱暖"的美好图景，使中国古代农民"等贵贱，均贫富"

的朴素平均主义达到顶峰。

中华文明关于理想社会的美好愿景集中体现在"天下大同"的思想中。《礼记·礼运》有着对大同社会的经典描述:"大道之行也,天下为公。选贤与能,讲信修睦,故人不独亲其亲,不独子其子,使老有所终,壮有所用,幼有所长,矜寡孤独废疾者皆有所养。男有分,女有归。货恶其弃于地也,不必藏于己;力恶其不出于身也,不必为己。是故谋闭而不兴,盗窃乱贼而不作,故外户而不闭。是谓大同。"[1] 这种理想社会在近代中国获得了空前的重视,成为不同政治和思想派别共同的思想来源。康有为在《大同书》中明确指出,贫富问题的根源在于财产私有制。因此,必须消灭私有财产,实行公有制,由世界公政府统一管理经济生产和分配。孙中山有鉴于欧美发达国家贫富差距过大的社会现实,提出"民生主义"的主张,以缓和社会矛盾,避免社会革命。此后更进一步将民生主义的内涵扩充为"平均地权""节制资本",并强调民生主义与社会主义、共产主义是相通的。毛泽东也曾用"大同"来表述共产主义没有阶级、没有剥削、共同发展、共同富裕的理想社会。

马克思主义对共产主义社会的设想与中华文明"天下大同"的社会理想具有很多相似和相通之处。马克思和恩格斯科学地指

---

[1] 《礼记》,胡平生、张萌译注,中华书局2017年版,第419—420页。

出了资本主义经济运动所具有的内在矛盾，指出了资本主义社会贫富两极分化的社会根源。在此基础上，他们科学地预见到共产主义理想的必然实现。共产主义的基本内涵和根本目的在于，克服和解决资本主义社会的财富两极分化，消灭由此带来的全面社会分裂和对抗，在社会财富极大丰富的现实基础上实现人的自由全面发展。马克思主义的共产主义理论克服了以往共产主义乌托邦理想的空想性，指明了实现共产主义的科学道路。

对于中国人民来说，马克思主义的共产主义理想与"天下大同"理想的根本目标是高度一致的，因此具有天然的亲和性；与此同时，马克思主义也指明了实现大同社会的现实途径，使"天下大同"具有了现实的可能性，而不再仅仅停留于人们的美好想象之中。毛泽东指出："康有为写了《大同书》，他没有也不可能找到一条到达大同的路。"[1]历史证明，这条到达大同的正确道路已经由中国共产党人在马克思主义中找到并进行了成功实践，中华民族几千年来的大同理想将在中国特色社会主义的伟大实践中最终实现。

无论是中华文明"天下大同"的社会理想，还是马克思主义的共产主义理论，都寄托着全体社会成员摆脱贫富不均、促进社

---

[1]《毛泽东选集》第四卷，人民出版社 1991 年版，第 1471 页。

会公平、实现人的自由全面发展的美好愿望。在这一方面，两者有着人性层面的深度契合。而要实现这一理想，基本的前提条件就是实现社会物质财富的极大丰富和全体社会成员的共同富裕。因此，中国特色社会主义道路以实现全体人民共同富裕为根本原则和根本目标，是共产主义理论和"天下大同"理想的共同要求在当代中国现阶段的具体体现，有着坚实的思想和文化根基。

（五）中国特色社会主义道路的历史文化根基源于"和而不同"的文明理念

和平发展是中国特色社会主义道路的标志性特征之一。"坚持胸怀天下"是中国共产党百年奋斗的历史经验之一。中国共产党始终以世界眼光关注人类前途命运，从人类发展大潮流、世界变化大格局、中国发展大历史正确认识和处理同外部世界的关系，坚持开放、不搞封闭，坚持互利共赢、不搞零和博弈，坚持主持公道、伸张正义，站在历史正确的一边，站在人类进步的一边。我们坚持和平发展道路，既通过维护世界和平发展自己，又通过自身发展维护世界和平，同世界上一切进步力量携手前进，不依附别人，不掠夺别人，永远不称霸，坚信一定能够不断为人类文明进步贡献智慧和力量，同世界各国人民一道，推动历史车轮向着光明的前途前进。[1] 中国道路的和平发展特征，是马克思主义的国际主义精神与中华文明爱好和平、和而不同的文明发展理念的鲜明体现和本质要求。

作为一个独立发展的文明体，中国在长期的对外交往中，始终坚持"和而不同"的基本理念。"和而不同"以承认世界的多样性为基础，认为不同的事物乃至文明都有其存在的合理性和独特的价值，即孟子所谓"物之不齐，物之情也"；与此同时，这种多样性的存在恰好构成丰富多彩的整体世界，每一种存在都能在这个整体中获得其恰当的位置，并与其他存在和谐共处。《中庸》强调天道的和谐本质："万物并育而不相害，道并行而不相悖。"实际上，存在的多样性恰恰构成了统一性的前提和基础，而完全同质化的世界反而难以长久维系。这是中国古人早已发现并反复强调的道理。

由此出发，中华文明发展出一套不同于西方文明的文明观，即尊重文明差异，反对文明迫害，强调不同文明和谐共处。孔子就曾坚决反对对外侵略，主张以文明感化他者："远人不服，则修文德以来之。"这一思想被孟子发展为国际关系领域的"王霸之辨"。"霸道"强调以武力强迫他国屈服；"王道"强调以德

---

[1] 《中国共产党第十九届中央委员会第六次全体会议文件汇编》，人民出版社2021年版，第98—99页。

行感化他国顺服。此后，"王道"成为中国古代处理国际关系的基本原则和终极理想。中国自古以来崇尚"协和万邦"的王道理想，在处理中国与周边国家外交关系问题上，中国并不否定属国的独立和主权，也不干涉属国内政，而是强调以文明、和平的方式构筑国际秩序，从而将安全需求与文化追求统一起来。这一国际秩序及其文明理念也得到了东亚其他国家的支持，并形成了具有强烈儒家色彩的东亚文明圈。作为世界上唯一从未中断的古老文明，中华文明以和为贵，与人为善，"己所不欲、勿施于人"等优良传统代代相传，成为中国和平发展的文明底色。

另一方面，和平发展也是马克思主义的国际主义精神的必然要求。马克思主义坚决反对任何形式的民族剥削和民族压迫。他们强调团结与联合，同时强调革命和发展的独立自主，坚决反对某个民族将自己的意志和道路强加到其他民族身上。马克思曾明确指出，工人阶级致力于建立的新社会的国际原则是和平[1]，还指出，"奴役其他民族的民族是在为自身锻造镣铐"[2]。列宁指出，"共产主义是不能用暴力来灌输的"[3]，强调革命的独立自主，反对革命的强行移植。因此，马克思主义充分尊重和支持不同国家

---

1 《马克思恩格斯全集》第十七卷，人民出版社1963年版，第8页。
2 同上，第440页。
3 《列宁选集》第三卷，人民出版社1995年版，第763页。

和民族根据自身实际选择合适的革命和发展道路，坚决反对任何干涉其他国家和民族的霸权主义行径。这种国际主义精神与中华文明和而不同的文明发展理念高度契合，成为决定中国发展模式和外交政策的理念根基。

中华人民共和国自成立以来始终坚持和平发展的基本模式，在成立之初就提出"和平共处五项原则"，展现了与其他国家和平共处的国际形象。改革开放以来，随着综合国力的不断提升，我国反复强调坚定不移地走和平发展道路，为世界和平和全球发展作出贡献。中共十八大以来，我国提出推动构建人类命运共同体，进一步展示了中国道路的和平发展合作共赢的重要特征，打破了西方文明"国强必霸"的逻辑，为构建新型国际关系提供了新的认识视角和思维模式。可以说，中华文明"和而不同"的文明理念和马克思主义的国际主义精神，为中国道路赋予了深厚的文明底蕴和鲜明的世界意义；中国道路面向世界、追求和平的重要特征，也成为中华文明"和而不同"的文明理念和马克思主义的国际主义精神在当代中国的最新发展。

三、历史的昭示

在人类文明发展的漫长历史中，中国曾经长期领先世界。然而，近代以来，在现代西方文明的强势冲击之下，古老的中华民族逐渐落后于世界历史的发展潮流，成为"挨打"的对象。面对这种巨大的时代落差，谋求中华民族的伟大复兴就成为近代以来中国人民奋斗的最高目标。在180多年的历史实践中，中国人民逐渐探索和总结出一条能够真正实现民族复兴的道路，那就是中国特色社会主义道路。中国特色社会主义道路的确立和发展，是近代以来中国人民艰辛探索的历史选择，是近代以来中华民族发展历程的深刻总结，具有深厚的实践根基和历史必然性。

（一）"站起来"：革命道路的艰难确立

从中英鸦片战争和《南京条约》开始，东西方列强通过一系列侵华战争和不平等条约不断扩大对中国的侵略。中国从传统的"天朝上国"逐渐沦为帝国主义世界体系中的边缘和附庸，亡国灭种的生存危机不断加深。如何应对这一"三千年未有之大变局"，抵御侵略，保国保种，成为近代中国最重要的时代课题。从根本上说，这一课题的解决之道在于寻找到能够承担时代变革重任的主体力量，并采取有效措施进行充分动员。简而言之，就是要解决"依靠谁"和"如何依靠"的问题。围绕这两个问题，近代的中国人民和有识之士纷纷展开了不同的尝试和探索。

农民阶级的斗争以太平天国运动和义和团运动为主。从主体力量来说，农民是近代中国社会人数最多的阶级，在有效动员的前提下，可以爆发出强大的战斗性。然而，由于自身的阶级局限性，他们未能认清近代中国社会的主要矛盾所在，因而未能提出先进的指导思想，也未能制定明确的斗争策略。从表面来看，太平天国运动将西方基督教神学与农民起义结合起来，以"拜上帝教"为动员方式，似乎是在"向西方学习"；但是，"拜上帝教"与传统社会的民间宗教和秘密会社并无本质区别，而运动后期统治阶层又迅速发生蜕变，这些都表明太平天国运动与传统的农民起义和改朝换代并无本质区别。与之相反，义和团运动盲目敌视西方文明要素，拒斥一切现代文明，而"扫清灭洋"和"扶清灭洋"口号的反复无常则充分证明这场运动没有明确的指导思想和斗争策略。因此，仅靠农民自身无法解决近代中国面临的时代问题。但农民的庞大数量和斗争精神则使他们天然成为近代革命的主体力量。

统治集团的自救运动主要包括洋务运动、戊戌变法和清末新政。洋务运动以"中体西用"为指导思想，试图在维持传统政治制度和思想观念的前提下，通过引进西方先进器物和技术来解决统治危机。但洋务派只看到西方的坚船利炮，并未看到器物作为一种手段，要在相应的政治制度和思想观念之下才能充分发挥其效用。继之而起的戊戌变法和清末新政虽然试图引进西方的政治制度，但由于统治阶级内部的权力分配和权力斗争导致内部分裂，两次自我革新均以失败告终。更重要的在于，《辛丑条约》以后，清政府已经完全屈服于帝国主义者，无法承担救亡图存的时代重任。这些充分说明，必须以革命推翻清朝统治，建立现代民族国家，彻底更新社会组织方式和动员能力，才能实现国家独立和民族解放。

辛亥革命推翻了清朝统治，建立了亚洲第一个共和国，但革命果实却被以袁世凯为首的北洋军阀所窃取，国家再次陷入战争和混乱之中。以孙中山为代表的革命派，之所以没能取得革命的最终胜利，根本原因在于没有一个坚强有力的领导核心，同时也未能找到真正可以依靠的革命力量。一方面，革命派内部的派系林立、四分五裂严重影响了对革命事业的领导。另一方面，无论是传统的会党、帮派，还是地方军阀，也都无法成为坚定的革命者。与之相比，年轻的中国共产党虽然力量弱小，但却从一开始就成功解决了近代中国革命的这两个难题。就革命的领导力量而言，中国共产党以马克思列宁主义为指导思想，并以民主集中制为原则建立了列宁式政党，从而成为一个高度统一的革命领导核心。就革命的主体力量而言，中国共产党从中国的实际情况出发，通过基层党组织的领导、组织和教育对"一盘散沙"式的中国农民进行有效的整合和动员，从而为革命准备了坚实的社会基础和源源不断的有生力量。在这个意义上，近代中国革命不仅是一场推翻帝国主义压迫的民族解放运动，更是一场重新整合基层社会的社会运动，广泛而深刻地改变了中国基层社会形态，也为此后的国家现代化建设奠定了坚实基础。

在中国共产党领导下，中国人民走出了一条独特的革命道路，实现了马克思主义中国化时代化。与中国近代的其他政治运动相比，中国共产党领导的新民主主义革命有了马克思列宁主义这一科学的革命理论的指导，从而为革命指明了正确的发展方向；与苏联十月革命的成功经验相比，中国共产党立足于中国革命的具体实际，创造性地开辟了"农村包围城市，武装夺取政权"的革命路线。"马克思主义中国化时代化"，成为中国革命胜利的基本经验，也成为此后开辟"中国道路"的基本原则。

经过二十八年浴血奋斗，中国共产党领导人民，在各民主党派和无党派民主人士积极合作下，创造了新民主主义革命的伟大成就。"我们经过北伐战争、土地革命战争、抗日战争、解放战争，以武装的革命反对武装的反革命，推翻帝国主义、封建主义、官僚资本主义三座大山，建立了人民当家作主的中华人民共和国，实现了民族独立、人民解放。新民主主义革命的胜利，彻底结束了旧中国半殖民地半封建社会的历史，彻底结束了旧中国一盘散沙的局面，彻底废除了列强强加给中国的不平等条约和帝国主义在中国的一切特权，为实现中华民族伟大复兴创造了根本社会条件。"[1] 中华民族任人宰割、饱受欺凌的时代一去不复返了，中国发展从此开启了新纪元。在中华民族伟大复兴的历史征程中，"站起来"历史使命的实现，为"富起来"和"强起来"提供了历史前提和基础。

实践充分说明，历史和人民选择了中国共产党，没有中国共产党领导，民族独立、人民解放是不可能实现的。

（二）"富起来"：建设道路的曲折探索

中华人民共和国的成立标志着民族解放这一历史任务的完成，中国人民从此站起来了。而新生的人民政权接下来则要面临同样艰巨的任务，即如何进行国家建设，使国家和人民"富起来"。早在新中国成立前夕的中共七届二中全会上，就确定了新中国建设的基本方向，即实现由农业国转变为工业国、由新民主主义社会转变为社会主义社会的"两个转变"。这种具有历史意义的转变，在漫长的中国历史上没有任何先例可以依循；在世界范围内，虽然有苏联和东欧一些社会主义国家作为借鉴，但中国的国情有着自己的特点，也不可能完全模仿国外经验。因此，对于"什么是社会主义、怎样发展社会主义"的重大问题，仍然需要继续坚

1　《习近平谈治国理政》第四卷，外文出版社2022年，第4—5页

持马克思主义中国化时代化的基本经验，探索适合中国自身特点的发展道路。

在新中国成立初期，经过新生政权的巩固和国民经济的恢复，对生产资料进行社会主义改造、实现从新民主主义社会向社会主义社会的转变，成为当时的主要任务。为此，中共中央制定了过渡时期总路线，提出"要在一个相当长的历史时期内，基本上实现国家工业化和对农业、手工业、资本主义工商业的社会主义改造"。中国的社会主义改造以苏联为借鉴，但与苏联相比，又具有自己的特点。对于农业的改造，苏联采取行政命令的方式，在很短的时间内就完成了农业集体化任务。中国则顺应了农民互助合作的自发要求，在此基础上进行积极引导，顺势而为。对于资本主义工商业的改造，苏联采取没收资本家企业的强制手段，而中国则采取"和平赎买"政策，通过国家资本主义的形式，逐步将民族资本主义经济改造成社会主义公有制经济。这种和平改造的方式是统战思维的具体运用，避免了阶级矛盾的激化，维持了和平稳定的社会环境。因此，在社会主义改造过程中，新中国就已经与"苏联模式"有所区别，从而为独立探索社会主义建设的道路准备了经验。

1956年年初，中国的社会主义改造基本完成，社会主义制度基本确立，党和国家的主要任务随之转移到社会主义建设上来。

以毛泽东为核心的党的中央领导集体强调要"以苏为鉴",打破苏联迷信,独立自主地探索中国自己的社会主义建设道路。苏共二十大之后,毛泽东进一步指出,不能"硬搬"苏联模式,而是要独立思考,把马列主义的基本原理同中国社会主义建设的具体实际进行"第二次结合"。"第二次结合"产生了一系列具有独创性的理论成果,如社会主义社会的基本矛盾理论,统筹兼顾、注意综合平衡,以农业为基础、工业为主导、农轻重协调发展等重要观点,集中体现在中共八大以及毛泽东在中共八大前后发表的《论十大关系》《关于正确处理人民内部矛盾的问题》两次讲话之中。这些理论成果初步回答了"什么是社会主义、怎样发展社会主义"的重大问题,是对马列主义基本原理的创造性发展,为开辟适合中国国情的社会主义建设道路进行了重要和有益的探索。然而,在后来的实践中,由于在指导思想上"左"的错误,很多关于社会主义建设的正确思想没有得到贯彻落实,我们党在探索社会主义历程中遭到严重挫折。

1978年,中共十一届三中全会召开,标志着社会主义建设在经历了严重挫折之后,重新走上了正确的道路。以邓小平为核心的党的第二代中央领导集体坚持实事求是的思想原则,综合分析国际和国内形势,对时代主题作出了从战争与革命向和平与发展转变的基本判断,对中国社会历史作出了处于社会主义初级阶段的基本定位的判断。以这些基本判断为基础，中共中央提出了以经济建设为中心，坚持四项基本原则、坚持改革开放的社会主义初级阶段基本路线，形成了邓小平理论，成功开创了中国特色社会主义道路。沿着这条道路，经过改革开放的伟大实践，中国基本实现了国强民富，在中华民族伟大复兴的道路上又向前迈进了一大步。

我们应该看到，在一个落后的农业国建设社会主义是一项前无古人的伟大历史实践，没有任何现成的经验可以照搬照抄，必须经过千辛万苦的尝试和探索才能找到一条正确发展道路。因此，我们应该以马克思主义的观点辩证看待社会主义实践探索历程中继承与发展的关系，既要看到连续性和同一性，又要看到阶段性和差异性。这是中国特色社会主义道路创立和发展的历史事实，也是马克思主义"实事求是"思想路线的客观要求。

（三）"强起来"：复兴道路的坚定前行

中共十八大以来，中国特色社会主义进入新时代，中华民族迎来了从站起来、富起来到强起来的伟大飞跃，迎来了实现中华民族伟大复兴的光明前景。面对"世界百年未有之大变局"，中华民族的伟大复兴面临着更多的机遇和挑战。在这种情况下，一方面，我们必须认真总结革命、建设和改革时期的历史经验和教训，坚定不移地走中国特色社会主义道路；另一方面，我们必须深刻把握当今中国和世界的形势变化，不断增强把握机遇、应对挑战的决心和信心，不断实现中国特色社会主义道路的新发展，开拓中华民族伟大复兴的新局面。

第一，当代中国社会正在面临大变革。改革开放40多年来，我国社会主义现代化建设取得了重大历史性成就，人民生活水平不断提高，综合国力和国际影响力不断增强。与此同时，进入新时代以来，党和国家的各项事业也正在发生深层次、根本性的历史性变革。这体现在中国社会的生产力和生产关系、经济社会发展方式和政治上层建筑以及国际战略等方方面面。与此相应地，我国社会主要矛盾也发生了转化。如何正确认识和妥善处理这些发展起来以后带来的新问题，需要我们在理论和实践的探索中继续坚持和发展中国特色社会主义，向历史和人民交出一份优秀的答卷。

第二，世界战略格局正在面临大变动。自从近代国门打开以来，中国的发展便日渐融入世界格局的变动之中。从"站起来"到"富起来"，中华民族伟大复兴的每一步重要进展，都与对国际形势的深刻认识和充分把握密切相关。在"强起来"的新时代，同样需要具备深邃的国际视野。对此，以习近平同志为核心的中共中央作出重大判断，指出当今世界正处于"百年未有之大变局"。

这一"大变局"主要表现在以下几个方面：一是新一轮科技革命和产业革命正在大规模快速发展，给世界带来无限的发展潜力和前所未有的不确定性，将加快重塑世界格局。二是经济全球化进程呈现出复杂情势，一方面，美国大搞单边主义和保护主义，破坏多边贸易体制和全球治理体系，给全球带来激烈冲击和震荡；另一方面，以中国为代表的新兴经济体群体性崛起，并坚定维护多边主义和自由贸易原则，积极推进全球化良性健康发展，两种力量使全球化未来面临更多变数。三是世界多极化格局深入发展，并在不同层面和不同领域不断扩展，西方发达国家的主导地位持续下降，新兴经济体和区域合作组织的国际影响力不断增强，国际力量对比总体上变得越来越平衡。四是大国战略博弈日益加剧，突出表现为中国和美国之间逐渐从合作转为竞争，面对美国各方面的打压，中国将积极应对；在今后较长一段时期内，世界战略格局和全球治理体系将进一步发生深刻变革。总之，当今世界的大发展大变革大调整将给中华民族伟大复兴带来前所未有的机遇和挑战，我们必须不断提高应对"大变局"的战略定力和能力，积极奋发，大有所为，为实现中华民族伟大复兴提供良好的国际环境，为推动形成公正合理的新型国际秩序、构建人类命运共同体贡献中国智慧和中国力量。

第三，人类发展方式正在面临大转型。新航路开辟以来的人类历史，是以西方资本主义工业文明为现代化的主要模式的历史。马克思、恩格斯在《共产党宣言》中指出："资产阶级在它的不到一百年的阶级统治中所创造的生产力，比过去一切世代创造的全部生产力还要多，还要大。"[1]西方资本主义工业文明创造了前所未有的物质财富，但经过500多年的发展，这种现代化模式的弊端也越来越突显出来。在生产方式方面，它以资本占有劳动并控制社会，造成了人们的"异化"；在社会关系方面，它导致财富高度集中于少数人手中，社会成员之间贫富悬殊；在国际关系方面，它通过殖民扩张的霸权方式在全球配置生产资料、劳动力和商品市场，造成了严重不平等不合理的国际秩序；在人与自然关系方面，它对自然界无限度的掠夺和破坏导致空气污染、环境恶化、资源枯竭的后果。而中国特色社会主义是中国自主开辟的现代化道路，完全不同于西方主导的现代化模式。中国道路摆脱了资本主义生产方式，成功探索出社会主义的现代化道路；摆脱了社会财富分配不均的弊端，明确提出以共同富裕作为发展方向和目标；摆脱了霸权主义和殖民主义的"大国崛起"模式，成功实现了"和平崛起"；摆脱了建立在破坏自然基础上的发展方式，探索人与自然和谐共生、人类社会可持续发展的生态文明之路。中国道路的成功，打破了"西方中心论"的发展逻辑，拓展了现

---

[1] 《马克思恩格斯选集》第一卷，人民出版社2012年版，第405页。

代化的发展路径，为其他发展中国家的现代化提供了全新选择，为解决人类文明发展问题、推动人类发展方式转型贡献了中国智慧和中国方案。

当今时代，中华民族站在了"强起来"的新的历史起点，正处于实现伟大复兴的关键时期，面临着当代中国社会大变革、世界战略格局大变动、人类发展方式大转型的机遇和挑战。面对错综复杂、瞬息万变的国内外形势，我们既要保持清醒的头脑，深刻认识到中华民族伟大复兴绝不是轻轻松松就能实现的，又要抱定必胜的信念，充分认识到我们比历史上任何时期都更接近中华民族伟大复兴的目标，比历史上任何时期都更有信心、有能力实现这个目标。为此，我们必须在新的历史条件下，不断进行理论和实践创新，始终坚持和发展中国特色社会主义，为中国道路不断注入新的时代内涵。

四、人民的期盼

中国特色社会主义道路，既是数千年中华文明发展逻辑的必然选择，又是近代以来中华民族伟大复兴的必然选择，同时也是中国人民幸福生活的必然选择。"为中国人民谋幸福，为中华民族谋复兴"，既是中国共产党的初心和使命，也是中国特色社会主义道路的鲜明特征和根本目的。正如习近平总书记多次指出的，中国特色社会主义道路是实现社会主义现代化的必由之路，是创造人民美好生活的必由之路。中共十八大以来，中国特色社会主义进入了新时代，我们要继续为中国人民的幸福生活而奋斗，就必须继续坚持和发展中国特色社会主义道路。从发展理念来看，这是由以人民为中心的发展思想所决定的；从现实国情来看，这是由我国社会主要矛盾的客观转化所决定的；从发展战略来看，这是由新时代中国特色社会主义发展的战略安排所决定的。

（一）以人民为中心的发展思想

中共十八大以来，面对社会主义现代化建设的新形势新局面新问题，以习近平同志为核心的党中央提出了一系列治国理政的新理念新思想新战略。在发展理念问题上，明确提出以人民为中心的发展思想，将其作为新时代中国特色社会主义必须坚持的基本方略之一。以人民为中心的发展思想，坚持和发展了马克思主义唯物史观，是中国共产党全心全意为人民服务的根本宗旨在新时代的历史条件下的最新表达。其基本内涵包括相互关联的三个方面：发展为了人民，发展依靠人民，发展成果由人民共享。这就从根本上回答了"发展为了谁、发展依靠谁、发展成果由谁共享"的重大理论问题，从基本原则上确立了中国特色社会主义道路的发展目的、发展动力和发展效果。

首先，在发展目的上要坚持发展为了人民。这是中国共产党的根本价值立场和价值取向，也是中国特色社会主义的根本价值立场和价值取向。中国共产党自成立以来就始终把"全心全意为人民服务"作为一切思想和行动的根本宗旨。习近平总书记在庆祝中国共产党成立一百周年大会上的讲话中指出："江山就是人民、人民就是江山，打江山、守江山，守的是人民的心。中国共产党根基在人民、血脉在人民、力量在人民。中国共产党始终代表最广大人民根本利益，与人民休戚与共、生死相依，没有任何自己特殊的利益，从来不代表任何利益集团、任何权势团体、任何特权阶层的利益。任何想把中国共产党同中国人民分割开来、对立起来的企图，都是绝不会得逞的！"[1] 这一重要论述既是对历史经验的概括总结，也是对今后发展的方向指引。坚持发展为了人民，就要真正做到把人民作为发展的根本目的，把增进人民福祉、促进人的全面发展作为发展的出发点和落脚点。为此必须坚决摒弃形式主义、"GDP 至上"等各种不合理、不健康的发展观，真正深入了解民情民意，积极回应人民的现实关切，着力解决人民最直接、最现实、最迫切的问题，不断实现人民的根本利益。

其次，在发展动力上要坚持发展依靠人民。马克思主义唯物

---

[1]《习近平谈治国理政》第四卷，外文出版社 2022 年，第 9 页。

史观认为，人民是历史的主体，是推动历史发展的决定性力量，任何时代的历史活动都是人民群众的事业。中国共产党人始终坚守人民立场，坚持一切为了人民、一切依靠人民。中共十九届六中全会全面总结中国共产党百年奋斗的历史经验时强调，"民心是最大的政治，正义是最强的力量"[1]，要"坚持一切为了人民、一切依靠人民，坚持为人民执政、靠人民执政，坚持发展为了人民、发展依靠人民、发展成果由人民共享"[2]。一百多年来，无论是革命、建设还是改革事业的巨大成就，归根结底都是人民群众努力奋斗的结果。在新时代，中国共产党人团结带领全国人民进行伟大斗争、建设伟大工程、推进伟大事业、实现伟大梦想，必须充分依靠人民的力量，把根基深植于人民群众之中，尊重人民的主体地位和首创精神，唯有如此才能充分调动人民的积极性、主动性和创造性，最大限度地汲取人民群众的智慧和力量，团结一切可以团结的力量投身到社会主义现代化建设伟大事业之中。

最后，在发展效果上要坚持发展成果由人民共享。这是中国特色社会主义的本质要求，是社会主义制度优越性的集中体现，是区别于资本主义发展模式的根本标志。人民是发展的根本目的和根本动力，这就决定了发展成果必须由人民共享。人民是党和

---

[1] 《中国共产党第十九届中央委员会第六次全体会议文件汇编》，人民出版社2021年版，第95页。

[2] 同上，第96页。

国家一切工作的最高裁决者和最高评判者，要以人民拥护不拥护、赞成不赞成、高兴不高兴、答应不答应作为衡量党和国家一切工作是非得失的根本标准。为此首先必须坚持以经济建设为中心，不断解放和发展生产力，努力把"蛋糕"做大，为全体人民在各方面共享改革发展成果奠定坚实的物质基础；其次必须加强制度建设和制度安排，不断促进社会的公平正义，把"蛋糕"分好，努力提高人民群众的满意度和获得感，为全面实现发展成果由人民共享提供更加有效的制度保障。

以人民为中心的发展思想，鲜明体现了中国共产党人的人民立场，充分彰显了走中国特色社会主义道路的价值追求，高度契合了促进人的全面发展和实现中华民族伟大复兴的根本要求。以人民为中心的发展思想，揭示了中国特色社会主义道路相比于其他社会发展模式的显著特征：既不同于中国古代社会"兴，百姓苦；亡，百姓苦"的治乱循环模式，又不同于西方资本主义社会将人异化为手段的发展模式，而是把人民作为发展目的、以人民为发展主体。为了更好地创造中国人民的美好生活，就必须继续毫不动摇地坚持和发展中国特色社会主义道路，把以人民为中心的发展思想贯彻落实到经济社会发展的各个环节，不断实现好、维护好、发展好最广大人民的根本利益。

（二）社会主要矛盾的客观转化

2017年10月，中共十九大报告指出："中国特色社会主义进入新时代，我国社会主要矛盾已经转化为人民日益增长的美好生活需要和不平衡不充分的发展之间的矛盾。"[1]这是对中国社会主要矛盾的重要论断。社会主要矛盾的转化是关系国家事业发展全局的历史性转变，是中国特色社会主义进入新时代的重要标志和重要特征。在社会主要矛盾发生客观转化的情况下，是否应该继续坚持中国特色社会主义道路？应该怎样坚持中国特色社会主义道路？要对这些问题作出回答，需要准确把握新时代中国社会主要矛盾重要论断的理论和实践内涵。

首先，新时代中国社会主要矛盾的转化是改革开放以来中国特色社会主义建设取得重大成就的客观结果。在过去很长一段时间里，中国社会主要矛盾都是人民日益增长的物质文化需要同落后的社会生产之间的矛盾。这主要是基于当时中国经济社会发展水平不高、社会生产力相对落后的国情。经过改革开放近40年的发展，之前关于社会主要矛盾的表述已经不能完全符合当前社会主要矛盾的实际情况。中国已经稳定解决了十几亿人的温饱问题，人民生活水平显著提高，物质文化需要得到基本满足，并且

---

[1] 习近平：《决胜全面建成小康社会，夺取新时代中国特色社会主义伟大胜利——在中国共产党第十九次全国代表大会上的报告》，人民出版社2017年版，第11页。

即将实现全面小康，人民的生活需求已经拓展到更多领域和更高层次。与此同时，中国经济总量稳居世界第二，社会生产力水平总体上显著提高，社会生产能力在很多方面进入世界前列，基本摆脱了原来落后的社会生产的状况。这些举世瞩目的显著变化是我国坚持中国特色社会主义道路所取得的重大成就，有力证明了中国特色社会主义道路的正确性，必须继续毫不动摇地坚持。

其次，新时代中国社会主要矛盾的转化没有改变中国仍处于并将长期处于社会主义初级阶段的基本国情。一方面，尽管中国经济社会发展水平明显提高，但与发达国家相比仍然有着较大差距，发展不平衡不充分的状态仍然较为突出。另一方面，尽管纵向来看，人民生活水平与之前相比已经有了显著提高，但横向来看，中国人均 GDP 和人均可支配收入在世界范围内仍然处于比较靠后的位置，人民的幸福感和获得感仍然有待进一步提升。这些都表明，中国当前距离基本实现社会主义现代化还有一定差距，中国仍处于并将长期处于社会主义初级阶段，仍是世界最大发展中国家。对此，我们应有清醒的认识。我们必须牢牢坚持中国共产党在社会主义初级阶段的基本路线不动摇，坚持不懈地以发展为第一要务，凝神聚力推进高质量发展，继续加大改革开放力度，着力解决发展不平衡不充分的问题。

最后，新时代中国社会主要矛盾的解决需要不断发展中国特色社会主义道路。新时代中国社会主要矛盾包括两个方面：一方面是人民日益增长的美好生活需要。人民对美好生活的需要非常广泛，不仅包括物质文化需要，还包括丰富多彩的精神文化需求。人们对物质的需求并没有消失，并呈现升级态势。人们期盼有更好的教育、更稳定的工作、更满意的收入、更可靠的社会保障、更优美的环境、更丰富的精神文化生活等等更高质量的生活，同时对民主、法治、公平、正义、安全等社会全面进步都提出了相应要求。另一方面是不平衡不充分的发展。发展不平衡主要表现为城乡区域发展不平衡、居民生活水平不平衡、基本公共服务提供不平衡。发展不充分主要表现为发展总体水平不充分，部分地区和行业发展不充分以及发展质量不高、效益不好。因此，我们既要着力深化供给侧结构性改革，贯彻新发展理念，统筹推进经济社会全面协调发展，大力提升发展质量和效益；又要贯彻以人民为中心的发展思想，不断深化体制机制改革，确保社会公平正义，更好地推动人的全面发展、社会全面进步。这些都要求我们在继续坚持中国特色社会主义道路基本原则的前提下，通过全面深化改革、全面扩大开放等措施进一步丰富和发展中国特色社会主义道路的理论和实践。

综上所述，我们应该在"变"与"不变"的辩证统一中准确把握新时代中国社会主要矛盾的转化。"变"，指的是社会主义初级阶段具有不断发展变化的特点。"不变",指的是中国仍处于并将长期处于社会主义初级阶段的基本国情没有变。因其"不变",我们要毫不动摇地坚持中国特色社会主义道路;因其"变",我们要根据现实情况的变化,在理论创新和实践探索的基础上不断丰富和发展中国特色社会主义道路的具体内涵,在新时代的伟大征程上要贯彻落实好新发展理念。

(三)新时代中国特色社会主义发展的战略安排

战略问题是一个国家的根本性问题,直接关系到国家发展的总体目标、方式方法和发展阶段。改革开放以来,中国共产党根据历史条件和时代要求,把实现社会主义现代化的远大目标和不同时期的阶段性任务相结合,先后提出"三步走"战略目标和"两个一百年"奋斗目标,有效推进中国特色社会主义事业不断取得重大成就。这是党和国家事业成功的一条基本经验。在中国特色社会主义进入新时代的历史条件下,中共十九大顺应新变化,提出了新时代中国特色社会主义发展的战略安排,规划了从全面建成小康社会到基本实现社会主义现代化、再到全面建成社会主义现代化强国的时间表、路线图,为顺利推进中国特色社会主义伟大事业提供了前进遵循。这一战略安排包含三个接续发展的重要目标节点,提出了层层推进的重要阶段性目标任务,要实现任何一个都必须始终坚持和不断拓展中国特色社会主义道路。

　　全面建成小康社会的总体目标是：经济更加发展、民主更加健全、科教更加进步、文化更加繁荣、社会更加和谐、人民生活更加殷实。为此必须统筹推进"五大建设"，坚定实施"七大战略"，突出抓重点、补短板、强弱项，特别是要坚决打好防范化解重大风险、精准脱贫、污染防治三大攻坚战。2020年是中国全面打赢脱贫攻坚战、决胜全面建成小康社会的收官之年，也是新中国历史上、中华民族历史上，乃至人类历史上极不寻常的一年。新冠肺炎疫情突如其来，洪涝灾害多地发生，经济发展备受冲击，外部环境风高浪急，来自政治、经济、文化、军事、社会、国际、自然等领域的挑战纷至沓来。在泰山压顶的危难时刻，中共中央高瞻远瞩、审时度势，带领全党全军全国各族人民迎难而上、攻坚克难，在这极不寻常的年份创造了极不寻常的辉煌。实践再次证明，重大历史关头，重大考验面前，领导力是最关键的条件，党中央的判断力、决策力、行动力具有决定性作用。全面建成小康社会绝不是轻轻松松、敲锣打鼓就能实现的，中国共产党团结带领中国人民付出了许多艰巨和艰苦的努力，进行了许多伟大斗争，成功防范化解了各种风险。2021年7月1日，在庆祝中国共产党成立100周年大会上的讲话中，习近平总书记庄严宣告，经过全党全国各族人民持续奋斗，我们实现了第一个百年奋斗目标，在中华大地上全面建成了小康社会，历史性地解决了绝对贫困问题，正在意气风发向着全面建成社会主义现代化强国的第二个百年奋斗目标迈进。

在全面建成小康社会的基础上，到2035年基本实现社会主义现代化。其总体目标是："经济实力、科技实力、综合国力大幅跃升，人均国内生产总值迈上新的大台阶，达到中等发达国家水平；实现高水平科技自立自强，进入创新型国家前列；建成现代化经济体系，形成新发展格局，基本实现新型工业化、信息化、城镇化、农业现代化；基本实现国家治理体系和治理能力现代化，全过程人民民主制度更加健全，基本建成法治国家、法治政府、法治社会；建成教育强国、科技强国、人才强国、文化强国、体育强国、健康中国，国家文化软实力显著增强；人民生活更加幸福美好，居民人均可支配收入再上新台阶，中等收入群体比重明显提高，基本公共服务实现均等化，农村基本具备现代生活条件，社会保持长期稳定，人的全面发展、全体人民共同富裕取得更为明显的实质性进展；广泛形成绿色生产生活方式，碳排放达峰后稳中有降，生态环境根本好转，美丽中国目标基本实现；国家安全体系和能力全面加强，基本实现国防和军队现代化。"[1]

---

[1] 习近平：《高举中国特色社会主义伟大旗帜 为全面建设社会主义现代化国家而团结奋斗——在中国共产党第二十次全国代表大会上的报告》，人民出版社2022年版，第24—25页。

在基本实现现代化的基础上，到本世纪中叶，把中国建成富强民主文明和谐美丽的社会主义现代化强国。其总体目标是：中国物质文明、政治文明、精神文明、社会文明、生态文明将全面提升，实现国家治理体系和治理能力现代化，成为综合国力和国际影响力领先的国家，全体人民共同富裕基本实现，中国人民将享有更加幸福安康的生活，中华民族将以更加昂扬的姿态屹立于世界民族之林。这是第二个百年奋斗目标的最终实现，也是更加全面、更高质量的实现。到那时，古老的中华文明将焕发出前所未有的生机活力，社会主义事业也将焕发出前所未有的生机活力。要实现这一目标，同样要毫不动摇地坚持中国特色社会主义道路的基本理论、基本路线、基本方略。

新时代中国特色社会主义发展的战略安排，最终目标是实现社会主义现代化。这是一条完全不同于发达国家走过的资本主义现代化的全新的现代化道路，成功拓展了发展中国家走向现代化的途径。实践已经并将继续证明，中国特色社会主义道路是实现社会主义现代化、创造人民美好生活的必由之路。面向未来，建设社会主义现代化强国，中国共产党和中国人民充满自信和力量，保持政治定力，坚持实干兴邦，始终坚持和发展中国特色社会主义。

第三章

沿着中国特色社会主义道路干什么？

中国特色社会主义建设事业是全面发展和全面进步的事业。中国特色社会主义经济建设、政治建设、文化建设、社会建设和生态文明建设，是中国特色社会主义事业"五位一体"的总体布局，也是坚持和发展中国特色社会主义道路的具体实现路径。中国特色社会主义事业"五位一体"的总体布局有一个形成和发展的过程。邓小平同志提出，要建设社会主义的物质文明和精神文明，[1] 两个文明都建设好，才是有中国特色的社会主义。中共十二大提出，社会主义既要搞物质文明建设，也要搞精神文明建设，还要搞民主建设。随后中共十二届六中全会通过的《中共中央关于社会主义精神文明建设指导方针的决议》明确提出"总体布局"思想："我国社会主义现代化建设的总体布局是：以经济建设为中心，坚定不移地进行经济体制改革，坚定不移地进行政治体制改革，坚定不移地加强精神文明建设，并且使这几个方面互相配合，互相促进。"[2] 此后，中国共产党进一步明确了我国社会主义

1　《邓小平文选》第三卷，人民出版社1993年版，第28页。
2　《十二大以来重要文献选编》（下），人民出版社1988年版，第1173—1174页。

经济建设、政治建设和文化建设的途径和目标。中共十六大以后，社会主义总体布局由经济建设、政治建设和文化建设"三位一体"发展为经济建设、政治建设、文化建设和社会建设"四位一体"。中共十七大报告又提出了建设生态文明的目标，这标志着"五位一体"的中国特色社会主义事业总体布局已经形成。中共十八大报告正式确认了中国特色社会主义经济建设、政治建设、文化建设、社会建设和生态文明建设"五位一体"的总体布局，"五大建设"是一个相互依存、相互促进的有机统一体。

一、建设中国特色社会主义经济

改革开放以来，中国始终坚持以经济建设为中心，坚持以发展为第一要务，毫不动摇坚持发展是硬道理、发展应该是科学发展和高质量发展的战略思想，推动经济社会持续健康发展。

（一）中国特色社会主义经济建设的历史成就

新中国成立 70 多年来特别是改革开放 40 多年来，中国创造了举世瞩目的发展成就，不仅造就了经济快速发展奇迹，而且走出了一条中国特色社会主义经济发展道路，在世界经济中的地位和影响力迅速提升。总体来看，中国经济发展的主要成就突出体现在四个方面。

1. 创造了高速增长、跨越贫困的经济奇迹。

新中国成立以来特别是改革开放以来，中国从一穷二白成长为世界第二大经济体，在这个过程中创造了两大发展奇迹。一是高速增长奇迹。1979—2018年GDP年均增长9.4%，远高于同期世界经济2.9%左右的年均增速，期间保持了持续40年的高速增长，创造了二战后经济发展史上的高速增长奇迹。2021年GDP总量114.4万亿元。二是跨越贫困陷阱的发展奇迹。1978—2017年人均GDP年均实际增长8.5%，2021年人均GDP为80976元，从低收入阶段进入到上中等收入阶段，人民生活从温饱不足到全面小康，创造了在一个拥有14亿人口的大国跨越贫困陷阱的发展奇迹。

2. 迈入了经济高质量发展的新阶段。

在经济规模不断扩大的同时，中国在转变发展方式、提升发展质量效益上发生深刻变化，由高速增长转向新时代高质量发展阶段。在发展方式上，从规模速度型转向质量效率型，消费已超过投资成为经济增长的主要驱动力。在结构优化上，农业基础不断加强，服务业成为最大产业，工业持续升级，目前中国拥有联合国产业分类中全部工业门类，制造业增加值自2010年起稳居世界首位，特别是高技术产业、战略性新兴产业近年来增加较快。在发展动力上，从主要依靠资源和低成本劳动力等要素投入转向创新驱动，2021年全球创新指数中国在132个经济体中排名12位，在推动经济发展质量变革、效率变革、动力变革上迈出新步伐。

3. 改革创新取得重大突破。

在发展经济的过程中，中国立足实际，不断进行一系列重大理论和政策创新。公有制为主体、多种所有制经济共同发展，按劳分配为主体、多种分配方式并存，社会主义市场经济体制等社会主义基本经济制度不断发展和完善，为解放和发展社会生产力奠定了坚实基础。全面深化改革进程中，经济体制改革全方位展开、系统性推进，产权保护、公平竞争等基础制度不断完善，市场准入负面清单制度全面实施，高标准市场体系建设稳步推进，重要领域和关键环节改革取得决定性成果，激活了发展动力，释放了发展活力，实现了改革、发展与稳定的有机统一，在推进经济治理体系与治理能力现代化上迈出新步伐。

4. 成为世界经济增长的主要稳定器和动力源。

当前中国GDP占世界经济比重上升到18%以上，自2010年后稳居世界第二大经济体的位置，目前已是货物贸易第一大国、外资流入第二大国，外汇储备连续多年位居世界第一，是120多个国家和地区的最大贸易伙伴。多年来对世界经济增长平均贡献率超过30%，成为世界经济增长的最大引擎和主要稳定器。广泛开展国际经济合作与交流，如"一带一路"倡议提出后，截至

2023年1月，中国已同151个国家、32个国际组织签署了200多份共建"一带一路"合作文件。据世界银行研究报告，共建"一带一路"倡议将使相关国家760万人摆脱极端贫困、3200万人摆脱中度贫困，并将使参与国贸易增长2.8%至9.7%、全球贸易增长1.7%至6.2%、全球收入增加0.7%至2.9%。通过国际经济合作，中国在发展自身的同时普惠世界，促进中国与世界经济的共同繁荣发展。

（二）中国特色社会主义经济发展道路的特色

在经济建设的长期实践中，中国探索出一条中国特色社会主义经济发展道路，这也是中国经济建设取得突出成就的根本依托。

1. 坚持公有制为主体、多种所有制经济共同发展，按劳分配为主体、多种分配方式并存。

中国坚持公有制为主体、多种所有制经济共同发展，明确公有制经济和非公有制经济都是社会主义市场经济的重要组成部分，都是经济社会发展的重要基础。毫不动摇巩固和发展公有制经济，毫不动摇鼓励、支持、引导非公有制经济发展，推动各种所有制取长补短、相互促进、共同发展。这样的制度安排，既确保了经济发展服务人民利益，又提升了市场主体的自主性、创造性，促进了创业就业、技术创新等，增强了国民经济的活力。与此相对应，实行按劳分配为主体、多种分配方式并存的分配制度，更好地调动了各方面积极性，促进效率和公平有机统一。

2. 实行社会主义市场经济。

在社会主义条件下发展市场经济是中国的创新，这一创新将社会主义制度与市场经济有机结合在一起，这种探索前所未有，独具特色。具体来说，社会主义市场经济以公有制为主体、多种所有制经济共同发展的所有制为基础，使市场在资源配置中起决定性作用、更好发挥政府作用，一方面促进市场竞争、激发市场活力、提升市场效率，另一方面政府着力弥补市场失灵、防范市场弊端、促进社会公平与共同富裕等，避免了自由放任市场导致的经济社会矛盾，这也是中国经济社会快速稳定发展的一个重要因素。

3. 坚持促进全体人民共同富裕。

实现全体人民共同富裕是中国式现代化的本质要求之一。在中国特色社会主义道路上推动经济社会发展，归根结底是要实现全体人民共同富裕。中国坚持以人民为中心的发展思想，坚持发展为了人民、发展依靠人民、发展成果由人民共享。这一发展思想的突出体现就是实现共同富裕，这是中国特色社会主义的根本原则，也是中国式现代化的重要特征。在实践中，坚持在高质量发展中促进共同富裕，既大力发展经济，又大力推进社会建设，如建成了世界上最大规模的社会保障体系，通过坚决打赢脱贫攻坚战历史性地解决了绝对贫困问题。改革开放以来中国7.7亿农村贫困人口摆脱贫困，对世界减贫的贡献率超过70%。中国将继续通过高质量发展解决发展不平衡不充分问题，推动到"十四五"末全体人民共同富裕迈出坚实步伐，到2035年全体人民共同富裕取得更为明显的实质性进展，到本世纪中叶全体人民共同富裕基本实现。

4.坚持互利共赢的对外开放。

对外开放是中国的基本国策。在经济全球化深入发展的今天，各国利益休戚与共，中国认为各国应该坚持要开放不要封闭，要合作不要对抗，要共赢不要独占，弱肉强食、赢者通吃是一条越走越窄的死胡同，包容普惠、互利共赢才是越走越宽的人间正道。在实践中，中国坚定支持贸易自由化和经济全球化，推动经济全球化朝着更加开放、包容、普惠、平衡、共赢的方向发展；支持多边贸易体制，促进自由贸易区建设，推动建设开放型世界经济；秉持共商共建共享原则，高质量共建"一带一路"，同世界各国共享发展红利和发展机遇，积极推动构建人类命运共同体。

（三）中国特色社会主义经济发展道路的历史文化根基

每个国家和民族的历史传统、文化积淀、基本国情不同，其发展道路必然有着自己的特色。中国特色社会主义经济发展道路不仅体现了社会主义的制度要求，而且承续了中国自古以来的大同理想，贯穿了重视共富共享、重责任、重和合的中华文明共同体本位，蕴含了不同于其他国家的经济伦理和经济逻辑。

1. 求大同的共同体本位。

共同富裕不仅是马克思主义的一个基本目标，而且深受中华文化中大同理想的影响。孔子说："不患寡而患不均，不患贫而患不安。"孟子说："老吾老以及人之老，幼吾幼以及人之幼。"自古以来，以"天下为公"为核心的"老有所终，壮有所用，幼有所长，矜寡孤独废疾者皆有所养"的"大同"理想社会就是中国人民的一贯追求，在历史实践中也有着"等贵贱、均贫富"等反对剥削、要求"公""均"的现实要求，具有浓厚的共同体主义色彩。

2. 尚和合的相与之道。

尚和合是中华文明处世之道和理想秩序，"和为贵""致中和，天地位焉，万物育焉""兼爱非攻"等都是其重要体现。反映在经济上，一方面倡导经济主体之间和而不同、和谐相处、包容共生；另一方面在商业活动中讲求"己欲立而立人，己欲达而达人"，在自我与他人的关系上强调良性互动而非彼此割裂对立，秉持的是互惠互利、合作共赢的理念，而非弱肉强食、你输我赢的零和博弈逻辑，体现了与人为善、可持续发展的商业思想。

3. 以义取利的价值准则。

正确义利观是中华商道的精髓。中华文明一向重视"义"，历来主张"君子义以为质"，强调"不义而富且贵，于我如浮云"。经济活动中，认为"先义而后利者荣，先利而后义者辱"，以义为先、先义后利、取利有道，是中华民族千百年来一以贯之的经济伦理。这一伦理不同于个人主义的利益最大化取向，中华商道并不否定利，但在义利的辩证关系上，认为符合社会道义的利才是正当和可持续的，只有义利兼顾才能义利兼得，只有义利平衡才能义利共赢，从以义制利到舍利取义，追求的是天下大义的境界。这也是中国自古以来的经济活动和对外经济交往中始终秉持的价值准则。

4. 经世济民的企业责任和家国情怀。

不同于个人主义的原子化社会结构，在中国长期历史中，"家国一体"的思想观念和社会结构造就了个人与家庭、国家的深层连接，培育了超越一己私利、以责任为本位的伦理观和"以天下为己任"的家国情怀。这一家国情怀反映在经济上，就是形成了博施济众、经世济民的传统，这既是中国历史上儒商辈出、民族企业家实业报国的价值依托，也是今天企业家重视和履行社会责任，积极投身精准扶贫、乡村振兴和公益慈善，共同致力于共同富裕、国家富强和民族复兴的情怀传承。

5. 惠及天下的国际经济理念。

中华民族历来讲求"天下一家"，主张民胞物与、协和万邦、天下大同，这也是中华文明独特的世界观和情怀。这一情怀超越民族国家界限，将仁爱、和合、义利等价值观推己及人，运用于国际经济往来之中，体现出"达则兼善天下"的胸怀。正是基于此，中国从未走上经济霸权主义之路，古有和平合作、开放包容、互学互鉴、互利共赢的丝路精神，今天致力于推动构建人类命运共同体，通过互利共赢、普惠共荣的国际经济合作，在发展自身的同时为他国发展、世界发展、人类发展作贡献。

二、建设中国特色社会主义政治

新中国成立70多年以来，中国特色社会主义政治建设已经取得了巨大的历史成就。中国共产党带领全国各族人民成功实现了从新民主主义社会向社会主义社会的过渡，确立了社会主义制度，确立了工人阶级领导的、以工农联盟为基础的人民民主专政的国家政权这一国体，以及人民代表大会制度的政体。社会主义制度的确立，是中国历史上最深刻最伟大的社会变革，是中国今后一切进步和发展的基础。1949年中国人民政治协商会议第一届全体会议召开，通过了具有临时宪法作用的《中国人民政治协商会议共同纲领》，它和1954年第一届全国人民代表大会第一次会议通过的新中国第一部宪法一起为中国社会主义政治制度的确立提供了法律保障。中共十一届三中全会以来，中国共产党深刻总结正反两方面历史经验，在推进中国政治制度改革创新、兴利除弊、完善发展等方面勇于自我革命，成功地发展社会主义民主、健全社会主义法治、建设社会主义政治文明，中国特色社会主义政治制度焕发出巨大优越性、展现出蓬勃的生机活力。1982年宪法及此后的一系列宪法修正案，为中国社会主义政治制度的愈益成熟和定型提供了法律保障，推进了中国特色社会主义政治制度的不断完善和发展。中国特色社会主义进入新时代，社会主义政治建设开启了新征程。在以习近平同志为核心的中共中央坚强领导下，通过紧紧围绕坚持党的领导、人民当家作主、依法治国有机统一深化政治体制改革，中国推进社会主义政治制度自我完善和发展，取得了一系列重大成果和成效：健全了中国共产党的集中统一领导和全面领导体制机制，推动了党和国家指导思想与时俱进，加强人民当家作主制度建设，推动人民代表大会制度完善发展，将全面依法治国纳入"四个全面"战略布局并大力推进，完成宪法部分内容修改，推动社会主义协商民主广泛多层制度化发展，深化党和国家机构改革，深化司法体制综合配套改革，深化国防和军队改革，深化国家监察体制改革，推进群团组织改革，坚持和完善"一国两制"制度体系，有效推进了国家治理体系和治理能力现代化。中国特色社会主义政治制度和相关制度在新时代的伟大实践中，更加趋于成熟和定型。中国特色社会主义政治制度在新时代的自我完善和发展，是中共十八大以来以习近平同志为核心的中共中央以前所未有的决心、举措和力度推进改革取得的重大成就。总之，在新中国成立70多年来的光辉历程中，中国特色社会主义政治建设取得了巨大成就。

沿着中国特色社会主义道路走下去，在政治领域就是要建设中国特色社会主义政治。建设中国特色社会主义政治，必须走中国特色社会主义政治发展道路。中国特色社会主义政治发展道路，是近代以来中国人民长期奋斗历史逻辑、理论逻辑、实践逻辑的必然结果，是坚持中国共产党的本质属性、践行中国共产党的根本宗旨的必然要求，是团结亿万人民共同奋斗的正确道路。中国特色社会主义民主政治拥有鲜明的中国特色和强大生命力。这些特色并不是凭空产生的，也不是从外国搬来的"飞来峰"，而是基于中华优秀传统文化创造性转换的结果，既有鲜明的现代性，又有其深厚的历史文化根基。进入新时代，中国特色社会主义政治建设有着明确的目标和任务。

（一）建设中国特色社会主义政治，就是要坚持和完善中国共产党的领导制度体系，提高党科学执政、民主执政、依法执政水平

中共十九届四中全会指出："中国共产党领导是中国特色社会主义最本质的特征，是中国特色社会主义制度的最大优势，党是最高政治领导力量。必须坚持党政军民学、东西南北中，党是领导一切的，坚决维护党中央权威，健全总揽全局、协调各方的党的领导制度体系，把党的领导落实到国家治理各领域各方面各环节。"[1] "党的领导制度体系"的提出，以及这个制度体系中所包含的六项具体制度的确立都具有开创性的意义。这体现了中国国家制度建设历史进程中的新阶段、新理念和新格局。坚持和完善党的领导制度体系，具体来说包括以下六个方面：一是建立不忘初心、牢记使命的制度；二是完善坚定维护党中央权威和集中统一领导的各项制度；三是健全党的全面领导制度；四是健全为人民执政、靠人民执政各项制度；五是健全提高党的执政能力和领导水平制度；六是完善全面从严治党制度。这六项制度之间存

---

[1] 《中共中央关于坚持和完善中国特色社会主义制度 推进国家治理体系和治理能力现代化若干重大问题的决定》，人民出版社2019年版，第6页。

在着内在统一的逻辑关系，从价值目标、组织保障、整体协调、力量源泉和自身建设等几个方面展现了"党的领导制度体系"的深刻内涵。

（二）建设中国特色社会主义政治，就是要坚持和完善人民当家作主制度体系，发展全过程人民民主

1. 坚持和完善人民代表大会制度。

人民代表大会制度，是中华人民共和国的根本政治制度，是人民当家作主的新型政治制度。人民代表大会制度的诞生，"是深刻总结近代以后中国政治生活惨痛教训得出的基本结论，是中国社会一百多年激越变革、激荡发展的历史结果，是中国人民翻身作主、掌握自己命运的必然选择"[1]。在中国，人大代表来自人民，横向上，来自各地区、各民族、各方面、各阶层；纵向上，全国、省、市、县、乡五级都有人民代表大会，具有广泛代表性。截至2020年年底，全国共有人大代表262万名，其中县乡两级人大代表占代表总数的94.5%。人大代表充分发挥植根人民的优势，依法认真履职尽责，通过各种形式和渠道听取和反映人民群众的意见建议。[2]

---

[1]《习近平关于社会主义政治建设论述摘编》，中央文献出版社2017年版，第40页。
[2] 中华人民共和国国务院新闻办公室：《中国的民主》，人民出版社2021年版，第11—12页。

人民代表大会制度，是适应人民民主专政国体的政权组织形式，是中国人民当家作主的根本途径和最高实现形式，是实现全过程人民民主的重要制度载体。人民通过人民代表大会有效行使国家权力。人民代表大会代表人民统一行使国家权力，全国人民代表大会是最高国家权力机关，地方人民代表大会是地方国家权力机关。各级国家行政机关、监察机关、审判机关、检察机关都由人民代表大会产生，对人大负责、受人大监督。人民代表大会有立法权、监督权、决定权、任免权。全国人民代表大会及其常务委员会行使国家立法权，全国人民代表大会行使修改宪法以及制定和修改刑事、民事、国家机构的和其他的基本法律的权力；全国人民代表大会对国家主席、副主席，国务院总理、副总理及其他组成人员，中央军事委员会主席及其他组成人员，国家监察委员会主任，最高人民法院院长，最高人民检察院检察长行使人事任免权；全国人民代表大会对事关国家发展、人民利益的重大问题，包括国民经济和社会发展计划和计划执行情况的报告、国家的预算和预算执行情况的报告行使审查和批准权等；全国人民代表大会及其常务委员会行使对宪法实施、"一府一委两院"工作等的监督权。地方各级人民代表大会及其常务委员会依法行使相应职权。人民代表大会制度，实现了广泛民主，使各级人民代表大会有高度的权力，保证了人民掌握和行使国家权力，国家和民族前途命运牢牢掌握在人民手中。[1] 立足新时代，坚持和完善人民代表大会制度，就是要支持和保证人民通过人民代表大会行使国家权力，保证各级人大都由民主选举产生、对人民负责、受人民监督，保证各级国家机关都由人大产生、对人大负责、受人大监督。

2.坚持和完善中国共产党领导的多党合作和政治协商制度。

中国共产党领导的多党合作和政治协商制度是中国的一项基本政治制度。这一制度植根中国土壤、彰显中国智慧，又积极借鉴和吸收人类政治文明优秀成果，是中国新型政党制度。宪法规定，中国共产党领导的多党合作和政治协商制度将长期存在和发展。在中国，除了中国共产党，还有八个民主党派。[2] 在人民民主的共同旗帜下，中国共产党与各民主党派长期共存、互相监督、肝胆相照、荣辱与共，形成了中国共产党领导的多党合作和政治协商制度这一具有鲜明中国特色和显著优势的新型政党制度。中国共产党是执政党，八个民主党派是接受中国共产党领导、同中

---

[1] 中华人民共和国国务院新闻办公室：《中国的民主》，人民出版社2021年版，第10—11页。

[2] 八个民主党派包括：中国国民党革命委员会（简称"民革"）、中国民主同盟（简称"民盟"）、中国民主建国会（简称"民建"）、中国民主促进会（简称"民进"）、中国农工民主党（简称"农工党"）、中国致公党（简称"致公党"）、九三学社、台湾民主自治同盟（简称"台盟"）。

国共产党亲密合作的参政党，是中国共产党的好参谋、好帮手、好同事。在中国，没有反对党，也没有在野党。中国既不是一党专政，也不是多党竞争、轮流执政，而是"共产党领导、多党派合作，共产党执政、多党派参政"。中国共产党和各民主党派、无党派人士以会议协商、约谈协商、书面协商等形式，就国家和地方重大政策和重要事务进行协商。中国共产党自觉接受各民主党派、无党派人士的民主监督。中国人民政治协商会议是实行中国共产党领导的多党合作和政治协商制度的重要机构。人民政协作为专门协商机构，在协商中促进广泛团结、推进多党合作、实践人民民主，既秉承历史传统，又反映时代特征，充分体现了中国社会主义民主有事多商量、遇事多商量、做事多商量的特点和优势，是国家治理体系的重要组成部分和具有中国特色的制度安排。在人民政协制度平台上，各党派团体、各族各界人士发挥在界别群众中的代表作用，通过全体会议、常委会会议、主席会议、专门委员会会议、专题协商会议、协商座谈会议等，开展提案、委员视察考察、专题调研、反映社情民意等经常性工作，对国家大政方针、经济社会各领域重要问题，在决策之前和决策实施之中进行广泛协商、平等协商、有序协商、真诚协商，提出意见建议。中国共产党采纳和集中他们的意见建议，各党派团体、各族各界人士接受党的主张并在各界别群众中宣传解释党的方针政策，增信释疑，最广泛地反映民意，最充分地集思广益，最大限度地凝聚共识，巩固团结奋斗的共同思想基础。全国政协全体会议与全国人大会议每年同期召开，政协委员不仅要讨论政协的问题，还要列席全国人大会议，参加对有关法律修改、"一府两院"工作报告等的讨论，这样的制度安排真正实现了让人人起来负责、人人监督政府工作，形成了具有中国特色的"两会"式民主。

中国共产党领导的多党合作和政治协商制度，真实、广泛、持久代表和实现最广大人民根本利益、全国各族各界根本利益，有效避免了旧式政党制度代表少数人、少数利益集团的弊端；把各个政党和无党派人士紧密团结起来、为着共同目标而奋斗，有效避免了一党缺乏监督或者多党轮流坐庄、恶性竞争的弊端；通过制度化、程序化、规范化的安排集中各种意见和建议、推动决策科学化民主化，有效避免了旧式政党制度囿于党派利益、阶级利益、区域和集团利益决策施政导致社会撕裂的弊端。[1]

3. 坚持和完善民族区域自治制度。

中国是统一的多民族国家，铸牢中华民族共同体意识，始终保持国家完整统一，实现各民族共同团结奋斗、共同繁荣发展，是中国共产党民族政策的方针宗旨。民族区域自治制度，是指在

---

[1] 中华人民共和国国务院新闻办公室：《中国的民主》，人民出版社2021年版，第13—16页。

国家统一领导下,各少数民族聚居的地方实行区域自治,设立自治机关,行使自治权的制度。民族区域自治制度在宪法以及民族区域自治法中得到明确,是中国的一项基本政治制度。中国实行民族区域自治,以领土完整、国家统一为前提和基础,体现了统一与自治的结合、民族因素与区域因素的结合,完全符合中国国情和实际。中国的民族区域自治,是在国家统一领导下的自治,各民族自治地方都是中国不可分离的一部分,民族自治地方的自治机关都是中央政府领导下的一级地方政权,都必须服从中央统一领导。实行民族区域自治,从制度和政策层面保障了少数民族公民享有平等自由权利以及经济、社会、文化权利。155个民族自治地方的人民代表大会常务委员会中,均有实行区域自治民族的公民担任主任或者副主任;民族自治地方政府的主席、州长、县长或旗长,均由实行区域自治的民族的公民担任。中国根据各少数民族的特点和需要,帮助各少数民族地区加速经济和文化发展。民族区域自治制度,极大增强了各族人民当家作主的自豪感责任感,极大调动了各族人民共创中华民族美好未来、共享中华民族伟大荣光的积极性主动性创造性。在这一制度框架下,中华民族大团结的局面不断巩固,各族人民交往交流交融日益广泛深入,平等团结互助和谐的社会主义民族关系不断发展,56个民族像石榴籽一样紧紧抱在一起，中华民族共同体意识日益牢固。[1] 新时代坚持和完善民族区域自治制度，就是要坚定不移走中国特色解决民族问题的正确道路，巩固和发展平等团结互助和谐的社会主义民族关系；要打牢中华民族共同体思想基础，全面深入持久开展民族团结进步创建，加强各民族交往交流交融；要支持和帮助民族地区加快发展，不断提高各族群众生活水平。[2]

4. 坚持和完善基层群众自治制度。

基层群众自治制度是我国的一项基本政治制度，是社会主义民主政治建设的重要组成部分。中国人口多、地域广，基层治理差异大。中国实行以村民自治制度、居民自治制度和职工代表大会制度为主要内容的基层群众自治制度，人民群众在基层党组织的领导和支持下，依法直接行使民主权利，实现自我管理、自我服务、自我教育、自我监督，有效防止了人民形式上有权、实际上无权的现象。村（居）民自治是指村（居）民在基层党组织的领导下，成立村（居）民委员会，依法直接行使民主权利，依法管理基层公共事务和公益事业，实行民主选举、民主协商、民主决策、民主管理、民主监督。截至2020年年底，50.3万个行政

---

[1] 中华人民共和国国务院新闻办公室：《中国的民主》，人民出版社2021年版，第18—19页。

[2] 《中共中央关于坚持和完善中国特色社会主义制度 推进国家治理体系和治理能力现代化若干重大问题的决定》，人民出版社2019年版，第12页。

村全部建立了村民委员会，11.2万个社区全部建立了居民委员会。企事业单位建立以职工代表大会为基本形式的民主管理制度，职工在企事业单位重大决策和涉及职工切身利益等重大事项上发挥积极作用；企事业单位推行职工董事、职工监事制度，全面实行厂务公开制度，探索领导接待日、劳资恳谈会、领导信箱等形式，反映职工诉求，协调劳动关系和保障职工合法权益，对单位生产和管理提出意见建议，为单位发展献计献策。企业工会委员会是职工代表大会的工作机构，现阶段，中国共有280.9万个基层工会组织，覆盖655.1万个企事业单位。基层民主创新十分活跃。从城乡社区里的村（居）民议事会、村（居）民论坛、民主恳谈会、民主听证会到党代表、人大代表、政协委员联合进社区，从"小院议事厅"到"板凳民主"，从线下"圆桌会"到线上"议事群"，中国人民在火热的基层生活中，摸索创造了一个又一个充满烟火气的民主形式。人们通过这些接地气、聚人气的民主实践，围绕涉及自身利益的实际问题，发表意见建议，进行广泛协商，利益得到协调，矛盾有效化解，促进了基层稳定和谐。基层民主许多好的经验做法成为国家政策，为中国民主发展不断注入新的动力。基层群众自治，使得社会细胞都活跃起来，使"微治理"富有活力、更有效率，为建设人人有责、人人尽责、人人享有的基层治理共同体提供了坚实制度保障。[1] 新时代健全充满活力的基层群众自治制度，就是要充分发挥中国共产党总揽全局、协调各方的领导核心作用，把党的领导贯穿基层群众自治机制建设全过程、各方面，确保基层民主建设始终沿着中国特色社会主义政治发展道路前进。[2]

（三）建设中国特色社会主义政治，就是要全面推进依法治国，建设社会主义法治国家

全面依法治国是国家治理的一场深刻革命，关系党执政兴国，关系人民幸福安康，关系党和国家长治久安。必须更好发挥法治固根本、稳预期、利长远的保障作用，在法治轨道上全面建设社会主义现代化国家。[3] 全面推进依法治国是完善和发展中国特色社会主义制度、推进国家治理体系和治理能力现代化的重要方面，

---

[1] 新冠肺炎疫情暴发以来，基层群众自治组织积极配合基层政府，构筑起社区疫情防控的坚强防线。全国65万个城乡社区、400多万名城乡社区工作者奋战在社区疫情防控第一线，组织动员社区志愿者、下沉党员干部、驻社区单位工作人员等工作力量，开展人员摸排、小区出入口值守、环境消毒、关爱保障等工作，人人参与抗击疫情，为打赢疫情防控阻击战作出了重要贡献。参见：中华人民共和国国务院新闻办公室：《中国的民主》，人民出版社2021年版，第19—22页、第33页。

[2] 中共中央宣传部编：《习近平新时代中国特色社会主义思想三十讲》，学习出版社2018年版，第167页。

[3] 习近平：《高举中国特色社会主义伟大旗帜 为全面建设社会主义现代化国家而团结奋斗——在中国共产党第二十次全国代表大会上的报告》，人民出版社2022年版，第40页。

也是中国特色社会主义政治建设的重要内容。全面推进依法治国的总目标是建设中国特色社会主义法治体系，建设社会主义法治国家。依法治国的各项工作都是围绕总目标来部署和展开的。[1] 全面推进依法治国，必须走对路，即中国特色社会主义法治道路。坚持中国特色社会主义法治道路，必须遵循以下原则：一是坚持中国共产党的领导。党的领导是中国特色社会主义最本质的特征，是社会主义法治最根本的保证。坚持中国特色社会主义法治道路，最根本的是坚持中国共产党的领导。二是坚持人民主体地位。人民是依法治国的主体和力量源泉，人民代表大会制度是保证人民当家作主的根本政治制度。三是坚持法律面前人人平等。平等是社会主义法律的基本属性。任何组织和个人都必须尊重宪法和法律权威，都必须在宪法法律范围内活动。四是坚持依法治国和以德治国相结合。国家和社会治理需要法律和道德共同发挥作用。五是坚持从中国实际出发。中国特色社会主义道路、理论体系、制度是全面推进依法治国的根本遵循。必须从我国基本国情出发，同改革开放不断深化相适应，总结和运用党领导人民实行法治的成功经验，围绕社会主义法治建设重大理论和实践问题，推进法治理论创新，发展符合中国实际、具有中国特色、体现社会发展

---

1 《十八大以来重要文献选编》（中），中央文献出版社2016年版，第187页。

规律的社会主义法治理论,为依法治国提供理论指导和学理支撑。[1]全面推进依法治国,必须坚持依法治国、依法执政、依法行政共同推进,坚持法治国家、法治政府、法治社会一体建设。各级领导干部在全面推进依法治国进程中肩负着重要责任,领导干部要做尊法学法守法用法的模范,努力提高法治思维和依法办事的能力和水平。

(四)建设中国特色社会主义政治,就是要坚持和完善中国特色社会主义行政体制,构建职责明确、依法行政的政府治理体系

"国家行政管理承担着按照党和国家决策部署推动经济社会发展、管理社会事务、服务人民群众的重大职责。"[2]行政体制改革是推动上层建筑适应经济基础的必然要求,是全面深化改革的重要环节。以一切行政机关为人民服务、对人民负责、受人民监督为根本宗旨,以坚持和完善中国特色社会主义行政体制为目标,通过推进行政体制改革,构建职责明确、依法行政的政府治理体系,建设人民满意的服务型政府,是实现国家治理体系和治理能力现代化的必然要求,也是中国特色社会主义政治建设的重要组

---

[1] 《中共中央关于全面推进依法治国若干重大问题的决定》,人民出版社2014年版,第5—7页。

[2] 《中共中央关于坚持和完善中国特色社会主义制度 推进国家治理体系和治理能力现代化若干重大问题的决定》,人民出版社2019年版,第15—16页。

成部分。为此，要做到以下几点：一是完善国家行政体制。以推进国家机构职能优化协同高效为着力点，优化行政决策、行政执行、行政组织、行政监督体制。二是优化政府职责体系。完善政府经济调节、市场监管、社会管理、公共服务、生态环境保护等职能，实行政府权责清单制度，厘清政府和市场、政府和社会关系。三是优化政府组织结构。推进机构、职能、权限、程序、责任法定化，使政府机构设置更加科学、职能更加优化、权责更加协同。四是健全充分发挥中央和地方两个积极性体制机制。理顺中央和地方权责关系，加强中央宏观事务管理，维护国家法制统一、政令统一、市场统一。[1]

（五）建设中国特色社会主义政治，就是要巩固和发展最广泛的爱国统一战线

统一战线，"是指中国共产党领导的、以工农联盟为基础的，包括全体社会主义劳动者、社会主义事业的建设者、拥护社会主义的爱国者、拥护祖国统一和致力于中华民族伟大复兴的爱国者的联盟"[2]。2020年12月21日，中共中央发布了新修订的《中国共产党统一战线工作条例》（以下简称《条例》），修订后的《条例》

---

[1] 《中共中央关于坚持和完善中国特色社会主义制度 推进国家治理体系和治理能力现代化若干重大问题的决定》，人民出版社2019年版，第16—17页。
[2] 《中国共产党统一战线工作条例》，人民出版社2021年版，第3—4页。

最突出的特点是通篇贯穿党对统一战线工作的集中统一领导，把坚持中国共产党的领导作为统一战线工作的首要原则，明确了党在统一战线工作中总揽全局、协调各方的领导地位。《条例》指出："统一战线是中国共产党凝聚人心、汇聚力量的政治优势和战略方针，是夺取革命、建设、改革事业胜利的重要法宝，是增强党的阶级基础、扩大党的群众基础、巩固党的执政地位的重要法宝，是全面建设社会主义现代化国家、实现中华民族伟大复兴的重要法宝。"[1] 新修订的《条例》，坚持以习近平新时代中国特色社会主义思想为指导，深入贯彻习近平总书记关于做好新时代党的统一战线工作的重要思想，是新时代统一战线工作的基本遵循。新时代爱国统一战线的基本任务是：坚持以习近平新时代中国特色社会主义思想为指导，坚持中国共产党领导，坚持中国特色社会主义道路，高举爱国主义、社会主义伟大旗帜，坚持一致性和多样性统一，坚持围绕中心、服务大局，坚持与时俱进、守正创新，加强思想政治引领，发挥凝聚人心、汇聚力量的政治作用，促进政党关系、民族关系、宗教关系、阶层关系、海内外同胞关系和谐，促进海内外中华儿女团结奋斗，为全面建成社会主义现代化强国、实现中华民族伟大复兴汇聚磅礴伟力。[2]

---

1 《中国共产党统一战线工作条例》，人民出版社2021年版，第4页。
2 习近平：《习近平著作选读》第二卷，人民出版社2023年版，第607页。

深深扎根于中华优秀传统政治文化土壤之中的中国特色社会主义政治发展道路，有着自身鲜明的特色和独特优势。沿着这条道路，中国特色社会主义政治建设的着力点主要体现为以下三个方面：

第一，坚持和完善中国共产党领导，发挥党总揽全局、协调各方的领导核心作用。中国共产党领导是中国特色社会主义最本质的特征，是中国特色社会主义道路最鲜明的特色，也是中国特色社会主义最显著的优势。只有坚持发挥中国共产党总揽全局、协调各方的领导核心作用，才能切实防止出现群龙无首、一盘散沙的现象，从而才能团结带领全国各族人民凝心聚力将中国特色社会主义伟大事业不断推向前进。因此，坚持中国共产党领导，是中国特色社会主义政治建设的最大特色，是发挥好社会主义制度能集中力量办大事、全国一盘棋优势的根本保障。中国共产党领导作为中国特色社会主义最鲜明特色和显著优势，不是偶然发生的，而是具有历史必然性。这一特色和优势是马克思主义基本原理与中华文明相结合的产物，它深深扎根于中华优秀传统政治文化土壤之中，蕴含着中华政治文明的优秀基因，即大一统。大一统是中华民族内生的，而不是外力强加的；是在中华民族特有的地理环境和经济社会条件下自然形成的，而不是以任何人的主观意愿为转移的。

第二，坚持人民主体地位，体现人民意志、保障人民权益、激发人民创造活力。坚持人民主体地位的根本遵循，体现了中华文明的优秀基因，它深深扎根于中华优秀政治文化土壤之中，吸收了古代治国智慧的精华，与中国古代治国理政思想中强调的"以民为本"思想内在契合。"以民为本"体现了中国古代治国理念最核心的价值追求。"以民为本"包括三层含义：首先，为政为民，即为政的初心是服务于民，为政者要爱护老百姓。其次，为政依民，即为政要依靠人民，离开老百姓的拥护与支持，为政者将寸步难行，甚至面临失去政权的危险。再次，为政惠民，即为政的最终目的是为老百姓真正谋福利，让老百姓得到实惠、有幸福感，这也是检验为政是否成功的标准。作为中华优秀传统政治文化的重要组成部分，"以民为本"思想一直传承至今。中国共产党把马克思主义与中华优秀传统文化相结合，使"以民为本"思想有了进一步升华，把全心全意为人民服务作为党的根本宗旨，把"执政为民"作为检验党一切执政活动的最高标准。

第三，坚持依法治国与以德治国相结合，扎根中华大地，立足中国国情，充分吸收中华优秀传统文化的丰厚养分。中国自古以来就强调"为政以德""德法兼治"的治国理念。据史书记载，公元632年年底，唐太宗亲自甄别监狱囚犯，见到应处死刑的人心生怜悯，于是放他们回家，但约定第二年秋季回来受刑。他还下令赦免了全国的死刑犯人，均放他们回家，要求他们等期限到了的时候再到京城受刑。公元633年秋天，上一年放回家的死囚犯人共390人，在没有人监视管制的情况下，都按期限回到朝堂，没有一个人逃跑。于是唐太宗将他们全部赦免了。[1]这个在中国广为流传的故事在史书中有明文记载，代代相传至今，充分体现了中华优秀传统政治文化中"德法兼治"和"为政以德"治国理念。依法治国与以德治国相结合，是全面推进依法治国必须坚持的根本遵循，它体现了中国治国理政智慧的精神实质，传承了中华优秀传统治理文化的基因。

三、建设中国特色社会主义文化

沿着中国特色社会主义道路走下去，落实到文化领域就是要建设中国特色社会主义文化。中国特色社会主义文化是凝聚和激励全国各族人民的重要力量，它源于中华民族五千年的文明史，植根于中国特色社会主义实践，具有鲜明的时代特征。建设中国特色社会主义文化，必须坚持中国特色社会主义文化发展道路。中国特色社会主义文化发展道路，是对党长期以来领导文化建设形成的基本经验的集中概括，从本质和根本上揭示了党领导文化

---

[1] ［宋］司马光编撰；沈志华、张宏儒主编：《资治通鉴》，中华书局2009年版，第8063、8067页。

建设之所以取得如此辉煌成就的根本原因所在。中国文化发展的实践证明，这条道路符合中国国情，是建设中国特色社会主义文化的必由之路、正确之路、科学之路。展望未来，实现中华民族伟大复兴不仅仅需要经济的强大，更需要文化的复兴。文化兴国运兴，文化强民族强。立足新时代的历史方位，以习近平同志为核心的中共中央对文化的战略地位的认识日益深入，中共二十大报告对新时代如何建设社会主义文化进行了全面部署，提出了明晰的目标和任务，指明了新时代建设中国特色社会主义文化的路径，为进一步推进文化自信自强，铸就社会主义文化新辉煌提供了根本遵循。

（一）建设中国特色社会主义文化，目标是建成社会主义文化强国

中共十九届五中全会明确提出了建成文化强国的具体时间表，即到2035年建成文化强国。中共二十大报告再次强调了这一目标，并清晰擘画了建设社会主义文化强国的路线图。文化发展对一个国家、民族的发展有着根本性和决定性的作用，文化的力量深深地熔铸在民族的生命力、凝聚力、创造力之中。可以说，文化是引领一个国家、民族发展的旗帜。近代以前，中国的发展曾长期雄踞于世界前列，创造了辉煌的成就，为人类文明发展作

出了不可替代的巨大贡献。中国在近代以前的强大，归根究底还是因为文化的繁荣和强盛，文化发展一直领先其他国家。同样，近代以来中国的落后，关键在于我们的文化不能跟上时代的发展步伐。英国、法国、美国、日本等国家的崛起，与他们的文化复兴和崛起有着密切关系。当前，时代的发展使得文化的作用较过去任何时期都更加重要，一个国家要在激烈的国际竞争中占有优势、实现民族的长远发展，文化至关重要，必须先建先行。

从外部环境看，改革开放以来，中国经济发展取得了辉煌成就，综合国力大大增强，已经成为世界第二大经济体。但是也可以看到，中国综合国力的增强，还主要表现为经济硬实力的增强，相比而言文化软实力还不够强大。文化的国际影响力与经济的影响力还很不相称，文化产品输入国和物质产品输出国的地位还很不匹配，因此建设与国际地位相匹配的文化强国就成为当前紧迫的任务。从国内环境看，伴随着全球化、网络化、数字化、信息化、市场经济等的发展，人们的思想活动和价值判断的独立性、差异性、多样性进一步增强。人们在肯定经济奇迹、经济腾飞的同时，也对道德重塑、价值追求、人文修养方面的不适应格外担心。如果一方面是经济高速增长，另一方面却是道德失范、价值失迷、文化失衡、社会失信，人们的幸福指数就会降低，社会就不可能有真正的稳定与和谐，发展也就不可能持续。因此，加强文化建设，用中国特色社会主义文化来滋养心灵、引领价值、凝聚人心，已经成为当务之急。

建成社会主义文化强国，必须坚持中国特色社会主义文化发展道路。马克思主义认为，事物的发展是一般与个别的辩证统一。对文化的发展来说也是如此。文化发展既有普遍规律，同时也有自己的特殊性。不同的时代、不同的社会、不同的经济政治文化条件，总是会塑造不同的文化发展道路。世界文化之所以绚烂多彩，就在于不同民族的文化发展有自己的道路，就在于多元民族文化的有机共存、相得益彰。中国当前仍处于社会主义发展初级阶段的基本国情，决定了中国文化发展有着自己特殊的矛盾，必须从自身条件和环境出发，寻求解决问题之道。从发展经验来看，新中国成立以来中国文化建设之所以能够取得如此卓越的成就，关键就在于坚持了中国特色社会主义文化发展道路。因此站在新的历史起点，要建成社会主义文化强国，就必须沿着中国特色社会主义文化发展道路继续前进。只有这样，我们才能科学把握文化发展的新形势新任务，充分尊重人民群众的文化选择和文化创造，努力开创中国特色社会主义文化建设新局面，为人类文化繁荣作出新的更大贡献。

（二）建设中国特色社会主义文化，要坚持党的全面领导，以马克思主义为根本指导思想，牢牢掌握文化领导权

中国特色社会主义最本质的特征是中国共产党领导，坚持党对文化工作的全面领导是建设中国特色社会主义文化的根本保证。百年来，中国共产党始终代表先进文化的前进方向，为民族复兴和文化创新发展做出了巨大努力。因此，建设中国特色社会主义文化首先要毫不动摇地坚持党的全面领导，这是践行马克思主义文化观的根本要求。同时，坚持党的领导和坚持马克思主义的指导在根本上是一致的。马克思主义是党的根本指导思想，中国特色社会主义文化就是以马克思主义为指导的先进文化。毛泽东曾深刻指出："自从中国人学会了马克思列宁主义以后，中国人在精神上就由被动转入主动。"[1] 因此在新时代背景下，建设中国特色社会主义文化必须高举马克思主义旗帜。

文化的内核是意识形态问题，文化建设具有很强的意识形态属性，当前文化领域也正成为意识形态斗争的前沿阵地。坚持党的全面领导和马克思主义根本指导思想，为的就是牢牢占领文化领域意识形态斗争的前沿阵地。中国共产党自成立以来，一直重视文化领导权问题，坚决捍卫和发展马克思主义，与各种错误思想展开斗争，通过深刻的文化批判来加强马克思主义文化传播

---

[1] 《毛泽东选集》第四卷，人民出版社1991年版，第1516页。

与教育。毛泽东强调马克思主义要与中国实践相结合，反对教条主义、本本主义。邓小平、江泽民、胡锦涛反复强调要加强马克思主义思想阵地建设，都体现了对文化领导权的高度重视。中共十八大以来，习近平高度重视意识形态工作，强调意识形态工作是党的一项极端重要的工作，事关党的前途命运，事关国家长治久安，事关民族凝聚力和向心力，要求必须牢牢掌握意识形态工作领导权。中国道路的实践也证明，马克思主义是我们立党立国的根本指导思想，是社会主义意识形态的旗帜和灵魂。只有坚持马克思主义，牢牢掌握马克思主义文化领导权，才能取得一切胜利。因此，建设中国特色社会主义文化，我们需要坚持党的全面领导，以马克思主义为根本指导思想，建设和守护好人民群众的精神家园。

（三）建设中国特色社会主义文化，要积极培育和践行社会主义核心价值观

历史和现实都表明，核心价值观是决定文化性质和方向的最深层次要素，是一个国家的重要稳定器。能否构建具有强大感召力的核心价值观，关系社会和谐稳定，关系国家长治久安。在当代中国，我们倡导富强、民主、文明、和谐，自由、平等、公正、法治，爱国、敬业、诚信、友善的社会主义核心价值观。

培育和践行社会主义核心价值观，首先要以培养担当民族复兴大任的时代新人为着眼点。马克思主义认为，社会全面进步与人的全面发展是相统一的过程。进入新时代，习近平强调"育新人"的使命任务，就是要坚持立德树人、以文化人，建设社会主义精神文明、培育和践行社会主义核心价值观，提高人民思想觉悟、道德水准、文明素养，培养能够担当民族复兴大任的时代新人。要落实好这一重大使命，必须强化教育引导、实践养成、制度保障，把核心价值观融入社会生活方方面面，转化为人们的情感认同和行为习惯。其次，要把核心价值观建设融入到经济社会生活的各个方面，从政策环境、体制环境、社会环境等多方面给予有力支撑，形成建设社会主义核心价值观的强大合力。培育和践行社会主义核心价值观是一项复杂的系统工程，要坚持与各方面工作有机融合、协调发展。要把核心价值观纳入国民教育总体规划，融入国民教育全过程，科学有效地把社会主义核心价值观体现到大中小学的课堂教学中，体现到各种形式的课外活动中，切实做到进教材、进课堂、进学生头脑。要完善学校、家庭、社会"三结合"的教育网络，把社会主义核心价值观贯穿学校教育、家庭教育、社会教育各个环节，动员社会各方面共同做好青少年思想道德教育工作。要把核心价值观建设融入精神文明创建各个方面，运用先进典型宣传，建立和规范礼仪制度，体现到文明城市、文明村镇、文明单位、文明家庭、文明校园创建活动各个方面。要把核心价值观建设贯穿精神文化产品创作生产传播各环节，潜移默化地增进人们的思想认同。要按照社会主义核心价值观的要求，健全各行各业规章制度、行为准则，使社会主义核心价值观成为人们日常工作生活的基本遵循，让人们在实践中感知、领悟和认同。

（四）建设中国特色社会主义文化，要大力弘扬中华优秀传统文化

文化是一条河，从"过去"流向"未来"。中华优秀传统文化是我们民族的"根"与"魂"，是中华民族的突出优势。建设中国特色社会主义文化，必须自觉接续民族文化传统，才能引领中华民族创造新的文化辉煌。毛泽东对中华民族的历史文化有着精深的研究，他曾说过，从孔夫子到孙中山，我们要进行科学的总结，继承这一份宝贵的遗产。

弘扬中华优秀传统文化，首先必须处理好传统与现代的关系。中华优秀传统文化与今天的社会主义市场经济、民主政治、先进文化、社会治理等还存在需要协调适应的地方。要坚持马克思主义的方法和态度，坚持古为今用、推陈出新，系统梳理传统文化资源，认真汲取中华传统文化的思想精华，使之与当代社会相适应，与现代文明相协调，保持民族性，体现时代性。其次，还要处理好传承与创新的关系，在传承与创新的结合中弘扬和光大中华文化。具体来说，就是要重点做好对传统文化的创造性转化和创新性发展。所谓创造性转化，就是要按照时代的特点和要求，对那些至今仍有价值内涵的陈旧的表现形式加以改造，赋予其新的时代内涵和现代表达形式，激活其生命力。所谓创新性发展，就是要按照时代的新进步新进展，对中华优秀传统文化的内涵加以补充、拓展、完善，增强其影响力和感召力。只有永远保持创新的精神，才能谱写新时代民族文化的新篇章，赋予其新的内涵和活力，在弘扬中华优秀传统文化的基础上创造中华文化新的辉煌。最后，弘扬中华传统文化，并不意味着固步自封。文明因交流而多彩，文明因互鉴而丰富，对各国人民创造的优秀文明成果，我们都要认真学习借鉴，在不断汲取各种文明养分中丰富和发展中华文化。

（五）建设中国特色社会主义文化，要努力提升国家文化软实力，增强文化自信心

文化软实力集中体现了一个国家基于文化而具有的凝聚力和生命力，以及由此产生的吸引力和影响力。当今世界，文化软实力成为决定国家竞争的关键因素和重要力量。提高文化软实力，关系我国在世界文化格局中的定位，关系我国国际地位和国际影响力，关系"两个一百年"奋斗目标和中华民族伟大复兴中国梦的实现。

　　提升文化软实力、增强文化自信是中国步入全球化发展时代的紧迫任务。改革开放 40 多年的进程中，伴随着国家硬实力的不断增强，中国文化软实力也得到了一定的提升。在文化建设已经上升为国家战略的今天，如何通过扎扎实实的努力来提升中国的文化软实力，夯实民族文化自信的社会基础，让中国文化真正走向世界，这是摆在每个中国人面前的历史课题。对此，习近平在多个重要场合讲话中都强调要重视提高文化软实力，强调一个国家综合实力最核心的还是文化软实力，这事关民族精气神的凝聚。首先，努力夯实国家文化软实力的根基。具体来说，就是切实把我们自身的文化建设搞好。继续深化文化体制改革，加快完善文化管理体制和文化生产经营机制，建立健全现代文化市场体系，构建现代公共文化服务体系；大力发展文化事业，以基层特别是农村为重点，进一步提高公共文化服务能力，促进基本公共文化服务标准化、均等化等。其次，努力传播当代中国价值观念。要加强提炼和阐释，拓展对外传播平台和载体，创新人文交流方式，综合运用大众传播、群体传播、人际传播等多种形式，传播当代中国价值观念，塑造当代中国形象，展示中华文化魅力。最后，努力提高国际话语权。要着力推进国际传播能力建设，创新对外宣传方式，精心构建对外话语体系，发挥好新兴媒体作用，增强对外话语的创造力、感召力、公信力，讲好中国故事，传播好中国声音，阐释好中国特色。只有切实提升文化软实力，创造出符合时代发展要求、引领世界潮流的先进文化，我们的民族文化自信心才能增强，才能切实展示中国的综合国力。

总之，建设中国特色社会主义文化是一项系统工程，必须处理好物质和精神、理论和实践、历史和现实、中国和外国等一系列关系。在中国特色社会主义新的历史方位中，要稳步推进中国特色社会主义文化的繁荣发展，必须始终坚持中国特色社会主义文化发展道路，进而推动社会主义文化不断向纵深发展，真正为中华民族伟大复兴提供坚实的精神支撑和文化力量。

四、建设中国特色社会主义社会

社会建设是中国特色社会主义"五位一体"总体布局的重要内容，与政治建设、经济建设、文化建设、生态文明建设相并列。与其他几个方面相比，"社会建设"这一表述似乎不太容易理解。我们可以简单回顾它提出的时代背景。1949年中华人民共和国成立之后，虽然并没有明确提出"社会建设"的任务，但改善民生和社会治理的工作事实上在不断推进，社会建设始终内在于社会主义现代化建设之中。自从1978年实行改革开放以后，随着社会主义市场经济的深入实行，国家的经济得到了迅速发展；但与此同时，贫富差距加大、民生保障滞后等问题日益凸显出来，社会矛盾和冲突时有发生，这对于社会和谐产生了不利影响，也间接影响到经济发展和政治稳定。在这种情况下，中国共产党和中国政府及时调整治国方略，于2004年明确提出"构建社会主义和谐社会"的任务。2007年，在中共十七大上，"加快推进以改善民生为重点的社会建设"正式写入大会文件。这表明最早提出"社会建设"是要解决与人民群众生活直接相关的民生问题，诸如教育、医疗、住房、养老、社会保障等领域存在的问题。随着中国经济社会状况的不断发展变化，社会建设的内容也在不断地更新：一方面，人民群众对美好生活的需要是不断增长的，因此民生保障的水平也需要相应提高；另一方面，新的内容被加了进来，即加强和创新社会治理。如果说民生保障是为了直接满足人民群众各方面的生活需要，那么社会治理就是为了给人民群众的生活提供一个稳定的、和谐的社会环境。

中国特色社会主义社会建设的总体目标是：通过改善民生和创新社会治理，不断满足人民日益增长的美好生活需要，不断促进社会公平正义，形成有效的社会治理、良好的社会秩序，使人民获得感、幸福感、安全感更加充实、更有保障、更可持续。可以说，在"五位一体"的诸领域中，社会建设与人民群众的日常生活关系最为密切，也是中国共产党和中国政府以人民为中心的发展思想的最直观体现。

（一）社会建设的历史成就

中华人民共和国成立 70 多年来，特别是改革开放 40 多年来，中国的社会建设事业取得长足发展，人民生活水平显著提高，民生保障和社会治理体系不断完善、能力不断增强。这一结论可以从一些具体的数据和事例中得到直观验证。[1]

第一，教育普及程度大幅提高，总体水平跃居世界中上行列。新中国成立初期，中国的学龄儿童入学率只有 20% 左右，全国 80% 以上人口是文盲。20 世纪 50—70 年代，中国重视发展基础教育。到 1978 年改革开放之初，小学教育基本普及，学龄儿童入学率达到 95.5%；1982 年，文盲率降至 22.8%。这是 30 年间中国政府高度重视教育发展的显著成果，也为实行改革开放以后中国经济的高速发展准备了良好的条件。人们以往在解释中国经济为何能够取得高速发展时，认为庞大的人口基数带来的"人口红利"是一个重要原因。从作为生产要素之一的劳动者的角度来

---

[1] 以下数据主要来自国家统计局专题报告《沧桑巨变七十载 民族复兴铸辉煌——新中国成立 70 周年经济社会发展成就系列报告之一》，http://www.gov.cn/shuju/2019-07/01/content_5404949.htm。

看，人口基数大带来的大量廉价劳动力当然是一个重要因素，但并不是全部。现代化工业大生产需要的不仅仅是简单的廉价劳动力，而是具有一定知识储备、能够较快掌握基本的生产技能的廉价劳动力。而中国政府对基础教育的普及显然是不可忽视的重要原因。改革开放以后，中国政府对教育的重视和投入持续加大。2018年，九年义务教育巩固率达94.2%；普通本专科在校学生2831万人，比1978年增长32倍；15岁及以上人口平均受教育年限由1982年的5.3年提高到9.6年。与此同时，高等教育毛入学率达到48.1%，高于中高收入国家平均水平；中等职业教育学校达到10340所。教育事业发展有效提升了国民的科技文化素质，为社会主义现代化建设培养了大量人才资源。

第二，就业规模不断扩大，就业结构逐步改善。就业是民生之本，只有稳定的就业才有稳定的收入，才能维持稳定的生产和生活。1949年末，中国城乡就业人员18082万人，其中城镇就业人员仅有1533万人，城镇失业率高达23.6%。经过中国政府的积极努力，到1978年末，全国就业人员达到40152万人，其中城镇就业人员9514万人。改革开放以来，随着经济发展和就业优先政策实施，全国就业总量大幅增加，大量农村富余劳动力向第二、三产业转移。2018年末，全国就业人员增加到77586万人，其中第二、三产业就业人员占比分别为27.6%和46.3%，比 1952 年末分别提高 20.2 和 37.2 个百分点。近年来，随着中国网络经济的发展，也出现了大量的新兴职业，比如快递配送员、外卖配送员和网约车司机。这些职业在解决大量就业需求的同时，也为人们的生活提供了极大便利，已经成为社会生活的"毛细血管"。在 2019 年庆祝中华人民共和国成立 70 周年的群众游行队伍中，外卖配送员的代表骑着标志性的配餐车驶过天安门广场。这一场景表明这些新型职业已经成为中国社会生活正常运转不可或缺的一部分。就业规模的不断扩大和就业形势的不断改善，为人民群众生活水平的不断提高奠定了坚实的物质基础。

第三，居民收入持续增加，消费水平不断提高。1956 年，全国居民人均可支配收入仅为 98 元，人均消费支出仅为 88 元。由于人口增长快、积累和消费关系不合理等原因，1978 年全国居民人均可支配收入也仅为 171 元，人均消费支出为 151 元。改革开放以来，经济持续快速发展带动城乡居民收入水平不断提升。2018 年全国居民人均可支配收入达到 28228 元，比 1978 年实际增长 24.3 倍。居民消费能力显著提升，消费结构升级趋势明显。2018 年，全国居民人均消费支出为 19853 元，比 1978 年实际增长 19.2 倍；全国居民恩格尔系数为 28.4%，降低 35.5 个百分点。家电、汽车等耐用消费品拥有量大幅增加，居住条件显著改善。据统计，2018 年，中国城镇居民家庭平均每百户家用汽车、彩色电视机拥有量分别达41.0辆、121.3台，农村居民家庭平均每百户家用汽车、彩色电视机拥有量分别达22.3辆、116.6台，比改革开放初期大幅增加。

第四，社会保障不断加强，织就广覆盖的民生安全网。新中国成立初期，中国的社会保障尚属空白。20世纪50—70年代，开始由国家和单位对城镇职工提供劳保等一定福利，并由集体对农民实行少量保障。改革开放以来，为适应经济社会发展需要，中国社会保障制度逐步建立，覆盖面持续扩大，待遇水平稳步提升。2018年末，中国参加城镇职工基本养老保险人数41848万人，比1989年末增加36138万人；参加失业保险人数19643万人，比1994年末增加11675万人；参加工伤保险人数23868万人，比1994年末增加22046万人；基本养老保险覆盖超过9亿人，医疗保险覆盖超过13亿人，基本实现全民医保。作为世界人口大国，中国将全球社会保障覆盖率从50%提升到了60%以上，为当今世界的社会保障发展作出了重大贡献，得到了国际社会的高度认可，国际社会保障协会于2016年将"社会保障杰出贡献奖"授予了中国政府。国际社会保障协会秘书长康克乐伍斯基表示，我们认为，中国在通过政策、管理能力和资源协调一致，从而推动社会保障覆盖大量人口和地域方面，提供了一个当代可操作性的样本。这一经验对于正在升级和扩展其社保体系的国家，将有着积极的示范作用。

第五，脱贫攻坚战取得全面胜利，历史性消除绝对贫困。新中国成立前，国家积贫积弱，人民贫困如洗。20世纪50—70年代，城乡居民生活有所改善，但农村贫困问题始终突出。按照2010年标准，1978年末我国农村贫困人口7.7亿人，农村贫困发生率高达97.5%。改革开放以来，随着农业、农村改革不断深入和扶贫开发大力推进，我国贫困人口大幅减少。2012年末我国农村贫困人口下降至9899万人，农村贫困发生率降至10.2%。中共十八大以来，扶贫力度进一步加大，脱贫攻坚战大力推进，贫困人口脱贫明显加快。2012—2020年，平均每年1000多万人脱贫。2021年2月25日，中国政府隆重召开"全国脱贫攻坚总结表彰大会"，会上宣布：中国脱贫攻坚战已经取得全面胜利，现行标准下9899万农村贫困人口全部脱贫，832个贫困县全部摘帽，12.8万个贫困村全部出列，区域性整体贫困得到解决，完成了消除绝对贫困的艰巨任务。脱贫攻坚战使中国提前10年实现《联合国2030年可持续发展议程》减贫目标，创造了减贫治理的中国样本，为全球减贫事业作出了重大贡献。联合国秘书长古特雷斯在致中国国家主席习近平的贺信中表示：这一重大成就为实现2030年可持续发展议程所描绘的更加美好和繁荣的世界作出了重要贡献。中国取得的非凡成就为整个国际社会带来了希望，提供了激励。这一成就证明,政府的政治承诺和政策稳定性对改善最贫困和最脆弱人群的境况至关重要,创新驱动、绿色、开放的发展模式是重大机遇,将为所有人带来福祉。

第六,医疗卫生长足进步,国民健康水平持续提高。新中国成立初期,中国医疗卫生水平很低,且大部分医院集中在城镇。20世纪50—70年代,经过努力,中国公共卫生体系初步建立。1978年末,全国医疗卫生机构17万个,床位数204万张,卫生技术人员246万人,但医疗卫生事业总体水平依然不高。改革开放以来,公共卫生领域投入不断加大,医疗科技水平迅速提高,医疗卫生体系建立健全。2018年末,全国共有医疗卫生机构99.7万个,比1949年末增长271倍;卫生技术人员952万人,增长17.8倍。疾病防控能力明显增强,居民健康状况显著改善。居民预期寿命由新中国成立之初的35岁提高到2018年的77.0岁,婴儿死亡率由新中国成立之初的200‰下降到2018年的6.1‰,居民健康水平总体上优于中高收入国家平均水平。2020年,新冠肺炎疫情突如其来,给全人类带来了巨大灾难。中国在世界范围内率先实现对新冠肺炎疫情的有效控制,体现了中国医疗卫生体系的强大能力。

第七,社会治理体系和治理格局不断完善。改革开放以前,中国政府以"单位"为主要载体对社会各个领域实行有效管理,国家与社会高度重合，具有显著的"国家—社会"一体化特征。这种体制虽然保证了社会长期稳定，但社会作为国家治理重要主体的内在活力受到一定限制。1978年以后，随着改革开放的深入推进，社会逐渐从国家体制中独立出来，社会活力不断增强，"社会管理"成为社会建设的重要内容。中共十八大以来，"社会管理"进一步发展为"社会治理"，治理观念由传统转向现代，治理主体由一元转向多元，治理过程由单向度转向多向度，治理方式由从上到下的管制转向多元主体的互动，现代社会治理体系不断完善，共建共治共享的社会治理格局逐渐形成。

（二）社会建设的"中国特色"

中国特色社会主义社会建设具有两方面的基本规定性，即"中国特色"和"社会主义"。之所以是"中国特色"的，在于它植根于中华文明数千年连续发展的深厚土壤，立足于中国社会的基本特征和中国人民的普遍心理；之所以是"社会主义"的，在于它始终坚持中国共产党的领导，坚持社会主义的基本方向。中国特色社会主义社会建设将上述两方面规定性有机统一起来，具有显著的"中国特色"。

第一，共同富裕是社会建设的根本目标。这既是中华文明的重要传统，也是社会主义的本质要求。中华文明始终追求财富均等、天下大同，反对贫富悬殊、两极分化。孔子提出的"不患寡而患不均"成为历代政治家和思想家进行社会治理的重要原则，"富者田连阡陌，贫者无立锥之地"的贫富悬殊的社会始终是他们竭力反对和避免的，天下为公、各得其所的"大同"社会则是中国古代关于美好社会的理想愿景的集中体现。马克思主义则深刻揭示出资本主义社会贫富两极分化的社会根源，正确指明了克服和解决资本主义社会弊病的发展道路。中华文明与马克思主义在社会理想方面的深度契合凝炼为共同富裕的根本目标，中国特色社会主义社会建设既克服了资本主义社会发展模式的弊病，避免了财富两极分化和社会全面分裂；又在现代社会条件下继承和发展了中华文明对美好社会的向往，将在更高层次上实现大同社会理想。

第二，公平正义是社会建设的核心要义。为此要不断健全促进社会有序流动的体制机制，避免阶层固化。中国古代社会在这方面有着丰富的理念构想和制度实践。从农民起义"王侯将相宁有种乎"的口号到科举考试"朝为田舍郎，暮登天子堂"的理想，从不同的角度表达了主张社会流动、反对阶级固化的社会愿望；而中国古代的科举制则通过制度化的方式使普通学子享有改变命运的公平机会，从而促进社会流动的实现。与之相比，马克思主义更加注重社会公平，通过一系列制度实践实现机会公平和结果公平的辩证统一，促进社会有序流动，并在终极意义上消灭社会阶级，使全体社会成员都能够各尽所能、各取所需，实现人的自由全面发展。中国特色社会主义社会建设以促进社会公平正义为核心要义，逐步建立以权利公平、机会公平、规则公平为主要内容的社会公平保障体系。这是马克思主义公平正义观在当代中国的具体实践，也是中国古代社会相关理念和实践的批判性继承和发展。

第三，构建社会治理共同体是社会建设的重要目标。这既是对中华文明"家国天下"理念的当代延续，也是对马克思主义共同体理论的中国实践。中国古人认为"天下之本在国，国之本在家"，家、国、天下具有高度同构性，因而家庭伦理向外扩展就成为社会伦理和政治伦理。在"家国天下"理念下，整个社会就是一个命运共同体，所有社会成员都与这一共同体息息相关，因而每个人都要承担对于共同体的责任，也都共享共同体所带来的好处。"家国天下"理念根深蒂固，至今仍然深刻影响着中国人的思想和行为，这构成了社会治理共同体的社会心理和文化基础。另一方面，马克思主义指出，人类社会生活共同体是人类社会基本生活方式的本质彰显，这一共同体是随着人类社会的发展而不断发展的，即：从以"人的依赖关系"为特征的原始共同体，到倚重"以物的依赖性为基础的人的独立性"而形成的政治共同体，进而实现以"个人全面发展"为基础的自由人联合体。自由人联合体是基于个体的自由结合而成，实现了特殊利益与公共利益的完全统一，每个人都能在其中实现自己的全部本质，因而是"真正的共同体"。社会治理共同体是"真正的共同体"在社会主义初级阶段的具体实践，体现了"真正的共同体"的价值取向。因此，中国特色社会主义社会建设致力于构建人人有责、人人尽责、人人享有的社会治理共同体，既立足中华文明的深厚根基，又依循马克思主义的科学指导，是符合中国社会发展特点、顺应人类社会发展趋势的发展方向。

五、建设中国特色社会主义生态文明

如何处理人与自然的关系？这是全世界人们都面临的难题。当前，全球气候变化、生物多样性丧失、资源耗竭、生态破坏与环境污染等挑战横亘在人类文明发展道路的前方，许多教训和损失让人们记忆犹新，亦不愿重蹈覆辙。"天人合一""道法自然"是中华文明几千年来的传统生态哲学，在漫长的农耕历史中，中国积累了丰富的可持续发展的经验。工业时代，全球的现代化环境治理拉开帷幕之时，中国也紧跟其上，以相对较小的生态环境代价，大幅提升了占世界五分之一人口的社会发展水平。现在，中国正在通过与政治、经济、文化、社会发展相融合的生态文明建设，进一步给出自己的方案。

（一）管理体制改革

1979 年，中国第一部环境法律——《中华人民共和国环境保护法（试行）》颁布。其后的数十年间，中国的资源和生态环境法律体系不断完善。2018 年，"生态文明建设"被写入《中华人民共和国宪法修正案》。自然资源全民或集体所有、全民共享、全民受益是中国作为社会主义国家的基本制度特征之一，也是人民群众公平享有一系列与资源环境相关权利的基本保障。严格的法律和制度体系确保公众的这些权益不受任何个人或组织的侵犯。

2018 年，中国政府进行了机构改革，将原先分属于不同部门的资源、生态、环境管理职能整合到新的自然资源部和新的生态环境部，并由它们集中进行相关政策和规划的制定。一度分散的行政监管与执法职能由此得以整合优化和进一步加强，中国的生态文明建设在政府行政层面得到强有力的保障。

2016 年起，中共中央和国务院共同启动了中央生态环境保护督察，并于 2019 年将其常态化。中央生态环境保护督察包括例行督察、专项督察和"回头看"等，由专职督察机构对省、自治区、直辖市党委和政府、国务院有关部门以及有关中央企业等组织开展生态环境保护督察；在上述部门的工作中失职而包庇污染或造成破坏的个人，以及相关企业的工作人员，要接受党纪和行政纪律的惩处，构成犯罪的则同时交由司法机关审判。在2016—2019 年的第一轮中央生态环境保护督察及"回头看"中，共有 2264 人被拘留，立案处罚企业或组织 4 万多家，涉及罚金24.6 亿元，15 万余件群众身边的生态问题得到解决。督察机构的组成部门包括中央办公厅、中央组织部、中央宣传部、国务院办公厅、司法部、生态环境部、审计署和最高人民检察院等，它们既需要履行监督职能，同时也需要对重点区域进行帮扶，对重点工作进行指导，探索建立国家和地方协同发现并解决问题的新机制，不断健全环境治理责任体系。

在中国，几乎所有生态环境相关法律法规及标准规范制修订过程，均设置了向社会公开征求意见环节，公众而不仅仅是专家能够参与到相关法律法规政策制定和修改中，而各项政策的落实也注重群众的意见。例如，《城市黑臭水体整治工作指南》明确规定，60% 的群众认为是黑臭水体的就应列入整治名单，至少90% 的百姓满意才能认定达到整治目标。人们乐于参与生态环境保护的各项工作，在许多地方都涌现出了像"民间河长"这样的示范性人物。环境保护类社会组织不断涌现，在宣传教育的职能以外，它们不断探索和开发包括环境信息公开、企业环境信用评价、环境公益诉讼等在内的多种专业性职能。2015—2019 年期间，全国法院共审理环境公益诉讼案件 5184 件，其中社会组织提起的环境民事公益诉讼案件 330 件，占比为 6%[1]。

（二）污染防治攻坚战

中国拥有庞大的工业生产体系，在为全世界生产各类商品的同时，也产生着不容忽视的大量污染物。中国也拥有 14 亿期待着越来越高生活水平的国民，人们希望呼吸更加清新的空气，吃到从更加洁净的土壤上生长出来的食物，在更加优美的环境中嬉戏玩耍。

自 1972 年瑞典斯德哥尔摩联合国人类环境会议后，中国开始着手建立现代环境治理体系，这包括不同层级机构的设置和一系列法律、法规、政策的制定，而"环境保护"也成为中国的基本国策之一。最初的政策中包括工业污染防治的"三同时"制度，即防治污染的设施必须与生产设施主体工程"同时设计、同时施工、同时投产使用"。结合环境影响评价、排污收费、环境目标责任等政策的环境保护基本制度体系，很大程度上约束了生产者们的污染行为。回顾中国在改革开放以来数十年的高速发展，我

---

[1] 中国新闻网，《截至 2019 年底，中国法院审理环境公益诉讼案件超 5000 件》，https://www.chinanews.com.cn/gn/2020/01-14/9059771.shtml。

们取得了令人惊叹的经济增长，但并没有发生像美国多诺拉烟雾事件（1948）、英国伦敦烟雾事件（1952）、日本四日市哮喘事件（1961）那样的恶性污染事件。

然而，中国的自然环境毕竟受到了人类活动的巨大影响。日复一日的工商业活动和城乡生活不断地向环境中排放各种污染物，对空气、水和土壤造成持续的威胁。2018年起，中国全面开启污染防治攻坚战：

"蓝天保卫战"。中国长期以煤炭作为最主要的能源，但无论是用于发电、金属冶炼还是其他用途，煤炭燃烧都会排放大量的二氧化硫（SO_2）、氮氧化物（NO_x）和其他有害物质，容易在潮湿多雨地区形成酸雨（雪），在寒冷干旱地区形成雾霾。中国将以天然气和核电等清洁能源作为过渡能源，并大力发展更为可持续的光伏、风电等新能源，最终实现大气污染物和温室气体的双重减排。

"碧水保卫战"。中国拥有多条世界级的大河和曲折绵长的海岸线。和世界上其他地区的人们一样，中国人喜欢依水而居，把河流湖泊及地下水作为饮用水源和生活、生产水源，并开展各项亲水娱乐活动。然而，稍有疏忽，污染物就会使人们身边的河流变得黑臭而难以接近。为了保卫碧水，2016年起，中国在全国范围内推行"河长制"，即每条河流包括其支流或不同河段都由相应地方的行政长官担任河长，由此来协调水环境保护所涉及到的城市开发、工商业活动、农业灌溉、饮用水源地保护、污水治理等方方面面的复杂关系。在过去的几年间，这一做法被证明行之有效，中国的水环境质量正在持续改善。

"净土保卫战"。土壤污染往往由农药、化肥的高强度使用，工业生产车间和矿场的长期排放和渗漏等造成。在农村，受污染的农业用地所产出的食品质量让人担忧。在城市，废弃的厂房原本可以提供宝贵的发展空间，但如果是被污染的"棕地"，那么修复的高昂成本就会成为开发的巨大阻碍，这是世界各地都会面临的普遍难题。2016年起，中国开始推进"净土保卫战"，加强土壤污染的预防和治理。在农村，农村厕所革命、生活污水治理和生活垃圾治理被继续推进。高生物毒性的农药被陆续停止生产和使用，易于破碎而混入土壤的地膜被更易于回收的品种所替代。所有可能排放和泄露污染物的企业都被严格监控，它们也被禁止开设于特定敏感区域，许多企业因此要搬迁并配套更为先进完备的设施。

（三）生态与生物多样性保护

中国疆域广阔，有着多样化的生态环境，因此也是世界上生物多样性最丰富的国家之一。近几年来，中国在生态保护方面的工作力度进一步加强，其最鲜明的一项举措就是划定生态红线。每个省份都需要在自己的辖区内划定面积不等的区域，在这些区域内严格禁止各种类型的开发，已经开发的则进行拆除。中国已建各类自然保护区近万处，占全国陆域面积的18%，超过联合国《生物多样性公约》中2020年达到17%的目标。90%的陆地生态系统类型，65%的高等植物群落和71%的国家重点保护野生动植物种类得到有效保护。[1]

中国在珍稀物种的保护上拥有许多成功的案例，其中最知名的莫过于对大熊猫的人工繁育和保护；除此之外，还有朱鹮、麋鹿、普氏野马、藏羚羊等等。2021年5月，云南亚洲象长距离北移引起国内外广泛关注。这群陆地上最大生物的北上及返回之旅，让我们看到了中国保护野生动物的成果，也促进了进一步的保护管理行动。中国成立了亚洲象保护专家委员会，统筹开展了亚洲象及其栖息地调查与监测、种群结构与遗传特性、人象冲突机制、栖息地容纳量等基础研究项目。在过去的几十年间，中国在全国范围内普遍实施了禁猎；在大部分淡水水域和近海海域长期实施季节性休渔。从2020年起，流域面积约占全国陆域面积18.8%，人口数量占全国人口33%的长江流域实施为期十年的全

---

[1] 人民网，《国家林草局：全国共建立各类自然保护地近万处 约占陆域国土面积的18%》，http://finance.people.com.cn/n1/2021/1008/c1004-32247272.html。

面禁渔。象牙、鱼翅等野生动物制品的消费，过去只是少部分中国人的行为，却总是被一些舆论放大为国民行为。事实上，中国现在是世界上通过立法禁止象牙贸易最严格的国家之一，鱼翅的进口量则持续多年大幅度削减，而社会大众对类似消费行为也早已进行批评和谴责。

（四）绿色经济

中国庞大的工业体系创造了令人惊叹的高速增长和巨大财富，但这其中包括许多大量消耗能源和大量排放污染物的传统行业，即"两高行业"。从全球产业链的分工来看，这些产业也往往位于产业链的下游，在技术的先进性上并不能完全代表人类文明发展的方向，从商业利益的角度来说，以不可忽视的资源消耗和环境污染为代价却无法获取相匹配的收益也不可持续。中国政府已决心推进这些传统行业的升级和转型，并已付诸坚决的行动。通过准入清单、排污许可证交易等政策手段，传统行业中的落后者将被淘汰；而新的产品、新的技术、新的产业形态则普遍受到欢迎。

新能源车是中国产业转型发展的一个缩影。在燃油汽车方面，中国一度落后于他人，但通过不断地学习和交流，中国已经逐渐掌握机动车制造的各项技术，开始尝试独立制造各种新能源车，包括燃(天然)气汽车、电动汽车、燃料电池汽车和混合动力汽车等。在技术方面,中国汽车企业已经能够和世界其他大型车企处于相近位置,因而也面临激烈竞争;在市场方面,中国已经是世界上最大的新能源车消费国,在保有量、占有率和销售增速方面都遥遥领先于其他国家。这其中很大一部分得益于国家的补贴政策,使得消费者能够享受到较低的销售价格;新能源积分政策不断引导和鼓励汽车企业把业务重心转移到新能源汽车上来;不断增加而遍布全国的充电桩等设施也进一步方便了电动汽车的日常使用。

(五)绿色生活

中国拥有巨大的消费市场,商业的发展伴随着大量的物资消费和能源消耗。近些年来,电子商务的兴盛进一步催生了物流行业的发展,而商户为消费者们所提供的服务中也往往包括严密包裹甚至是过度包装的邮包,以防止商品在邮寄运输的过程中被挤压变形甚至是破碎。大量被随意丢弃的塑料包装袋、塑料填充物和泡沫塑料运输箱成为伴随越来越便捷的现代消费的副产品。为了解决这些问题,中国政府出台了一些相关的政策,而行业协会和普通消费者也正在变得更加自觉。中国的环境标志产品认证体系于1993年发端[1]，目前已涵盖100多类产品，产品年产值达数万亿元[2]，有越来越多的消费者主动选择更加节能和节水的设备，或者是再生材料制品，又或者是不产生有毒有害物质的家具和建材等。电商和物流从业者们正在积极使用可再生的包装材料并构建越来越完善的回收体系。与此同时，一次性塑料制品在更大的范围内被禁用。商场和市场不再提供不可降解的塑料袋，餐饮企业不再向顾客提供塑料吸管，取而代之的是纸质吸管。

无论是人和物的流通都需要借助交通系统。全国高速公路网络和高速铁路的飞速发展为长途旅行和网络购物提供了前所未有的便利。不过，由于公路货运目前主要依赖于燃油机动车，因此也造成了大量的石油消耗。中国已经意识到铁路运输和水上航运相对于公路运输的巨大优势，并正在进一步扩大现代电气化铁路网络的范围，力争除自然保护地之外的每一个地区都有便利的轨道运输作为基础支撑。另一方面，共享自行车在城市得到普遍推广；即便是北京、上海这样的超级城市，也有越来越多的自行车专用道被划分出来，人们可以更好地享受骑行。

---

[1] 见原国家环保局《关于在我国开展环境标志工作的通知》（环科〔1993〕176号）。

[2] 人民网—人民日报海外版，《中国环境标志产品年产值约4万亿》，http://xiaofei.people.com.cn/n1/2019/1028/c425315-31422886.html。

（六）参与国际生态环境治理

从 1972 年联合国人类环境会议起，中国从未缺席过国际社会的重大生态环境议题。《蒙特利尔议定书》《巴塞尔公约》《生物多样性公约》等国际公约，中国都一一积极履行。同时，中国也不断向其他国家提供力所能及的绿色援助。20 世纪 80 年代起，中国向圭亚那、乌干达等国家传授沼气技术；2001 年起，中国向巴布亚新几内亚、斐济等国家传授食用菌种植技术；与蒙古、黎巴嫩、摩洛哥等国家开展太阳能和风能发电方面的合作。

1994 年 3 月 21 日起，《联合国气候变化框架公约》正式对中国生效。从那以后，在"共同但有区别的责任"原则下，中国始终积极采取措施响应公约所提出的一系列目标，先后于 1998 年签署《京都议定书》，于 2016 年签署《巴黎协定》，并通过诸如清洁发展机制等平台履行作为发展中国家的相应责任。2020 年 9 月 22 日，习近平在第七十五届联合国大会一般性辩论上发表重要讲话，做出庄严承诺，"中国将提高国家自主贡献力度，采取更加有力的政策和措施，二氧化碳排放力争于 2030 年前达到峰值，努力争取 2060 年前实现碳中和"。为此，中国已经采取了一系列的行动，全体国民正在做出自己的努力。

"人类命运共同体"既是中国提出的一个理念，也是一个基本事实。站在人类共同命运的立场上，中国在致力于建设"富强美丽的中国"同时，也致力于建设"清洁美丽的世界"。生态文明建设关乎人类未来，建设绿色家园是人类的共同梦想，保护生态环境、应对气候变化需要世界各国同舟共济、共同努力，任何一国都无法置身事外、独善其身。[1] 这正是中国积极推进生态文明建设的自信来源。

---

[1] 习近平：《推动我国生态文明建设迈上新台阶》，《求是》2019年第3期，为2018年5月18日在全国生态环境保护大会上的讲话完整版。

结语

中国共产党是高度重视并善于总结自己历史经验的百年大党。在前进的道路上，遇到困难和挫折便悲观失望或者取得了成绩就沾沾自喜骄傲自满，这两种态度都要不得。总结历史经验，为的就是弄清楚从哪里来、到哪里去，看明白过去为什么成功、今后如何做才能继续取得新的成功；为的就是进一步明确方向、坚定信念和信心，增强迎接新挑战的骨气、勇气和底气；为的就是把握好事物发展的规律和科学判断形势，及时做出新的战略部署和科学决策。中共十九届六中全会总结了中国共产党百年奋斗的十条历史经验，其中第五条就是"坚持中国道路"。方向决定道路，道路决定命运。中国共产党在百年奋斗中始终坚持从中国国情出发，探索并形成了符合中国实际的正确道路。历史告诉我们，脚踏中华大地，传承中华文明，走符合中国国情的正确道路，中国共产党和中国人民就具有无比广阔的舞台，具有无比深厚的历史底蕴，具有无比强大的前进定力。实践证明，无论是哪个国家，只有立足于自己国家的国情和实际，扎根于自己国家的历史文化土壤，才可能找到一条真正适合自己的路，适合的就是最好的。中国特色社会主义道路就是最适合中国的实现社会主义现代化的新道路，因为这是深深扎根于中华五千年的文明土壤之中、在中华优秀传统文化的滋养中生长出来的道路。

"适合的就是最好的"这一命题，体现了丰富的中华优秀历史文化传统。在中国古代传统文化中，"适合的"强调做任何事情都必须具备时间、地点和人物三个要素。比如儒家思想代表人物孟子说："天时不如地利，地利不如人和。三里之城，七里之郭，环而攻之而不胜。夫环而攻之，必有得天时者矣；然而不胜者，是天时不如地利也。城非不高也，池非不深也，兵革非不坚利也，米粟非不多也；委而去之，是地利不如人和也。故曰：域民不以封疆之界，固国不以山谿之险，威天下不以兵革之利。得道者多助，失道者寡助。寡助之至，亲戚畔之；多助之至，天下顺之。以天下之所顺，攻亲戚之所畔，故君子有不战，战必胜矣。"[1]以上这段论述蕴涵着深刻的思想。它告诉治国理政者们一个朴素又深刻的道理：无论是战争年代指挥打仗，还是和平年代治理国家，要想取得成功，其所制定的战略战术以及方式路径，都必须考虑时代特点、地域特色和民心向背这三个要素。其中，民心向背是最关键的。离开了最广大人民群众的支持，任何事情都不可能成功。

1　李炳英选注：《孟子选注》，人民文学出版社2003年版，第54页。

"天时不如地利，地利不如人和"在中国是家喻户晓的名言，它所蕴涵的思想融贯在中华文明的血脉和基因里，历经几千年传承至今，体现在中国治国理政和人民日常生活的方方面面。再比如，在中国古代传统文化中，"礼"是很重要的。"礼"主要指的是人们在社会生活交往中应遵循的行为规范。人人遵守礼，社会生活才会和谐稳定有序。但古代先贤强调，礼的运用一定要同环境相适宜。在中国有句古话：十里不同俗。也就是说，即使是相距仅仅十里的两个小村庄，其风俗民情都是有差异的。因此，正如《礼记》所言，"入竟而问禁，入国而问俗，入门而问讳"[1]。一个人在社会生活中应遵守什么礼，同样要看具体的时间和地点条件。因为各地的历史文化风俗习惯不同，人们生产生活方式不同，与其相应的礼及其运用方式方法便自然不同。纵览中华五千年文明史，"适合的就是最好的"这一理念是中国哲学和中国智慧的重要体现。

"适合的就是最好的"这一命题，也蕴涵着深刻的马克思主义哲学思想。唯物辩证法是马克思主义哲学的重要组成部分。对立统一规律是唯物辩证法最根本的规律。这条规律揭示了这样一个道理：世界是充满矛盾的，矛盾无处不在，任何事物都是一个矛盾的统一体。所谓矛盾，简单地说，就是对立统一关系，或称

---

[1] 《礼记》，胡平生、张萌译注，中华书局2017年版，第51页。

作对立面的统一。矛盾是事物发展的动力和源泉。矛盾既具有普遍性，又具有特殊性。矛盾的普遍性包括两方面含义：一是矛盾存在于一切事物的发展过程中。矛盾无处不在，没有例外。无论是自然界、人类社会还是人的主观世界，都存在对立统一关系。二是矛盾自始至终都存在于任何一个事物的发展过程中。也就是说，任何一个事物的产生发展过程都是矛盾运动的过程，旧的矛盾化解了，新的矛盾就又产生。我们经常说要应对新挑战、解决新问题，"新挑战""新问题"的出现意味着新矛盾产生了。矛盾不断出现，又不断解决，永无休止，推动着事物不断向前发展，因此才有生生不息的大千世界。矛盾的普遍性原理要求我们，在任何时候对任何事物都要坚持矛盾分析方法，要承认矛盾的客观存在，正确地分析矛盾，积极恰当及时地解决矛盾，以推动事物不断向前发展和进步。矛盾的特殊性指的是：任何一个具体事物所包含的矛盾及每一个矛盾的各个方面都有其特点。矛盾的特殊性规定着任何一个事物都拥有区别于其他事物的特殊本质。矛盾的特殊性包含两层含义：一是不同事物的矛盾各有其特殊性。二是同一事物在其发展的不同过程与阶段上的矛盾也具有特殊性。矛盾的普遍性与特殊性之间存在辩证统一关系。普遍性与特殊性之间的关系，就是一般与特殊、共性与个性的关系。矛盾的普遍性与特殊性辩证关系原理告诉我们，任何一个事物在发展过程中，既遵循事物发展的普遍规律，又会具有自己的特殊规律。因此当我们运用反映事物发展普遍规律的科学理论指导具体实践时，必须结合具体事物自身的特点，即要一切从客观事物的实际出发。只有从实际出发，才能找到解决问题化解矛盾的正确方法和路径。比如，中国特色社会主义道路，就是中国共产党带领中国人民把马克思主义基本原理同中国具体实际相结合、同中华优秀传统文化相结合的产物。也正因如此，中国特色社会主义道路才成为一条真正适合中国的道路。

"适合的就是最好的"这一命题，坚持人民至上原则。坚持人民至上，符合人民根本利益，就是适合的、最好的。坚持人民至上，是中国特色社会主义道路始终坚持的价值追求。中国共产党人的初心和使命，就是为中国人民谋幸福，为中华民族谋复兴。建党100多年来，中国共产党始终与中国人民一体同心、休戚与共、生死相依。比如，中国共产党和人民披荆斩棘、栉风沐雨，发扬钉钉子精神，敢于啃硬骨头，攻克了一个又一个贫中之贫、坚中之坚，脱贫攻坚取得了重大历史性成就。中共十八大以来，"平均每年1000多万人脱贫，相当于一个中等国家的人口脱贫。贫困人口收入水平显著提高，全部实现'两不愁三保障'，脱贫群众不愁吃、不愁穿，义务教育、基本医疗、住房安全有保障，饮水安全也都有了保障。2000多万贫困患者得到分类救治，曾经被病魔困扰的家庭挺起了生活的脊梁","许多乡亲告别溜索桥、天堑变成了通途，告别苦咸水、喝上了清洁水，告别四面漏风的泥草屋、住上了宽敞明亮的砖瓦房。千百万贫困家庭的孩子享受到更公平的教育机会，孩子们告别了天天跋山涉水上学，实现了住学校、吃食堂"[1]。这些成就是中国共产党带领人民实实在在干出来的。在脱贫攻坚战中，各级党组织和广大共产党员坚决响应党中央号召，在这个没有硝烟的战场上呕心沥血、建功立业。广大扶贫干部舍小家为大家，同贫困群众结对子、认亲戚，常年加班加点、任劳任怨，把心血和汗水洒遍千山万水、千家万户。"脱贫攻坚斗争中，1800多名同志将生命定格在了脱贫攻坚征程上，生动诠释了共产党人的初心使命。"[2]中国共产党用实际行动证明了自己的初心使命和精神风范，用实际行动证明了中国特色社会主义道路是一条坚持人民至上的道路。把人民利益放在心中最高位置，为了人民、依靠人民，这是中国特色社会主义道路历经艰难险阻至今仍保持强大生命力的根源所在，是沿着这条道路能够不断战胜风险挑战、取得新辉煌、迈进新境界的奥妙所在。

---

[1] 习近平：《在全国脱贫攻坚总结表彰大会上的讲话》，人民出版社2021年版，第5—7页。

[2] 同上，第11页。

参考文献

[1] 马克思恩格斯全集. 第十六卷. 北京：人民出版社, 1964.
[2] 马克思恩格斯全集. 第十七卷. 北京：人民出版社, 1963.
[3] 马克思恩格斯文集. 第二卷. 北京：人民出版社, 2009.
[4] 马克思恩格斯文集. 第十卷. 北京：人民出版社, 2009.
[5] 马克思恩格斯选集. 第一至四卷. 北京：人民出版社, 2012.
[6] 列宁选集. 第一卷. 北京：人民出版社, 1995.
[7] 列宁选集. 第三卷. 北京：人民出版社, 1995.
[8] 毛泽东文集. 第一卷. 北京：人民出版社, 1993.
[9] 毛泽东文集. 第三卷. 北京：人民出版社, 1996.
[10] 毛泽东文集. 第五卷. 北京：人民出版社, 1996.
[11] 毛泽东文集. 第七卷. 北京：人民出版社, 1999.
[12] 毛泽东选集. 一卷本. 北京：人民出版社, 1964.
[13] 毛泽东选集. 第一至四卷. 北京：人民出版社, 1991.
[14] 邓小平文选. 第一卷. 北京：人民出版社, 1994.
[15] 邓小平文选. 第二卷. 北京：人民出版社, 1994.
[16] 邓小平文选. 第三卷. 北京：人民出版社, 1993.
[17] 江泽民文选. 第一至三卷. 北京：人民出版社, 2006.
[18] 江泽民. 高举邓小平理论伟大旗帜 把建设有中国特色社会主义事业全面推向二十一世纪——在中国共产党第十五次全国代表大会上的报告. 北京：人民出版社, 1997.

[19] 江泽民. 全面建设小康社会 开创中国特色社会主义事业新局面——在中国共产党第十六次全国代表大会上的报告. 北京：人民出版社，2002.

[20] 胡锦涛文选. 第一至三卷. 北京：人民出版社，2016.

[21] 胡锦涛. 高举中国特色社会主义伟大旗帜 为夺取全面建设小康社会新胜利而奋斗——在中国共产党第十七次全国代表大会上的报告. 北京：人民出版社，2007.

[22] 胡锦涛. 坚定不移沿着中国特色社会主义道路前进 为全面建成小康社会而奋斗——在中国共产党第十八次全国代表大会上的报告. 北京：人民出版社，2012.

[23] 习近平谈治国理政. 第一卷. 第二版. 北京：外文出版社，2018.

[24] 习近平谈治国理政. 第二卷. 北京：外文出版社，2017.

[25] 习近平谈治国理政. 第三卷. 北京：外文出版社，2020.

[26] 习近平谈治国理政. 第四卷. 北京：外文出版社，2022.

[27] 习近平著作选读. 第一至二卷. 北京：人民出版社，2023.

[28] 习近平. 论坚持党对一切工作的领导. 北京：中央文献出版社，2019.

[29] 习近平. 紧紧围绕坚持和发展中国特色社会主义 学习宣传贯彻党的十八大精神——在十八届中共中央政治局第一次集体学习时的讲话. 北京：人民出版社，2012.

[30] 习近平. 决胜全面建成小康社会 夺取新时代中国特色社会主义伟大

胜利——在中国共产党第十九次全国代表大会上的报告. 北京：人民出版社, 2017.

[31] 习近平. 高举中国特色社会主义伟大旗帜 为全面建设社会主义现代化国家而团结奋斗——在中国共产党第二十次全国代表大会上的报告. 北京：人民出版社, 2022.

[32] 习近平. 推动我国生态文明建设迈上新台阶. 求是, 2019(3).

[33] 习近平. 在全国脱贫攻坚总结表彰大会上的讲话. 北京：人民出版社, 2021.

[34] 中国共产党中央委员会关于建国以来党的若干历史问题的决议. 北京：人民出版社, 1981.

[35] 十二大以来重要文献选编. 下. 北京：人民出版社, 1988.

[36] 十三大以来重要文献选编. 上. 北京：人民出版社, 1991.

[37] 十七大以来重要文献选编. 上. 北京：中央文献出版社, 2009.

[38] 十八大以来重要文献选编. 上. 北京：中央文献出版社, 2014.

[39] 十八大以来重要文献选编. 中. 北京：中央文献出版社, 2016.

[40] 中共中央关于全面推进依法治国若干重大问题的决定. 北京：人民出版社, 2014.

[41] 《中共中央关于全面推进依法治国若干重大问题的决定》辅导读本. 北京：人民出版社, 2014.

[42] 中共中央党史研究室. 中国共产党的九十年. 北京: 中共党史出版社, 党建读物出版社, 2016.

[43] 中共中央宣传部编. 习近平总书记系列重要讲话读本. 北京: 学习出版社, 人民出版社, 2016.

[44] 中共中央宣传部编. 习近平新时代中国特色社会主义思想三十讲. 北京: 学习出版社, 2018.

[45] 中共中央宣传部编. 习近平新时代中国特色社会主义思想学习纲要. 北京: 学习出版社, 人民出版社, 2023.

[46] 中共中央宣传部. 中国共产党的历史使命与行动价值. 北京: 人民出版社, 2021.

[47] 中共中央文献研究室编. 习近平关于全面深化改革论述摘编. 北京: 中央文献出版社, 2014.

[48] 中共中央文献研究室编. 习近平关于全面依法治国论述摘编. 北京: 中央文献出版社, 2015.

[49] 中共中央文献研究室编. 习近平关于社会主义政治建设论述摘编. 北京: 中央文献出版社, 2017.

[50] 党的十九大报告学习辅导百问. 北京: 党建读物出版社, 学习出版社, 2017.

[51] 中共中央关于坚持和完善中国特色社会主义制度 推进国家治理体系和治理能力现代化若干重大问题的决定. 北京: 人民出版社, 2019.

[52] 中共中央统战部,中央社会主义学院编.《社会主义学院工作条例》学习读本.北京:华文出版社,2020.

[53] 中国共产党第十九届中央委员会第六次全体会议文件汇编.北京:人民出版社,2021.

[54] 中国共产党统一战线工作条例.北京:人民出版社,2021.

[55] 中华人民共和国国务院新闻办公室.中国的民主.北京:人民出版社,2021.

[56] 陈杰思编著.五经读本.北京:中国人民大学出版社,2017.

[57] 冯友兰.中国哲学简史.赵复三译.北京:生活.读书.新知三联书店,2009.

[58][德]黑格尔.法哲学原理.范扬,张企泰译.北京:商务印书馆,1961.

[59] 冷溶,汪作玲主编.邓小平年谱(1975—1997).北京:中央文献出版社,2004.

[60] 李炳英选注.孟子选注.北京:人民文学出版社,2003.

[61] 钱穆.中国文化史导论.北京:商务印书馆,1994.

[62][美]萨缪尔森.经济学.下.北京:商务印书馆,1982.

[63][美]塞缪尔·亨廷顿.文明的冲突与世界秩序的重建.周琪等译.北京:新华出版社,1998.

[64][宋]司马光编撰．沈志华，张宏儒主编．资治通鉴．北京：中华书局，2009.

[65]王逢振主编．詹姆逊文集．第一卷．北京：中国人民大学出版社，2004.

[66]张岱年，程宜山．中国文化与文化论争．北京：中国人民大学出版社，1990.

[67]郑德荣等．中国特色社会主义道路基本问题研究．北京：人民出版社，2012.

[68]春秋公羊传注疏．上．[汉]何休解诂．[唐]徐彦疏．刁小龙整理．上海：上海古籍出版社，2014.

[69]孟子．万丽华，蓝旭译注．北京：中华书局，2016.

[70]诗经：风雅颂．弘丰注析．细井徇等撰绘．北京：北京燕山出版社，2019.

[71]礼记．胡平生，张萌译注．北京：中华书局，2017.

后 记

《道路自信：中国特色社会主义道路的历史根基》出版后，社会反响良好。为适应海内外更广大读者的需求，生动讲好中国道路的故事，让更多人明白什么是中国特色社会主义道路、为什么沿着中国特色社会主义道路锲而不舍走下去、沿着中国特色社会主义道路干什么，我们组织编写了《中国的自信从哪里来？道路篇》一书。《中国的自信从哪里来？道路篇》是在《道路自信：中国特色社会主义道路的历史根基》基础上修改完成的。由于对原稿进行了结构调整、内容缩减并增加了案例，《中国的自信从哪里来？道路篇》呈现出更加简明扼要、通俗易懂、生动形象的鲜明特色。

参加本书写作的有何霜梅（导论、第一章、第二章、第三章第二节、结语）、吕存凯（第二章、第三章第四节）、左伟（第三章第一节）、段晶晶（第三章第三节）、陆琼（第三章第五节）。何霜梅负责思路设计、统稿。

在书稿修改过程中，相关专家提出了宝贵的意见和建议，在此表示最衷心的感谢！

学院的领导对本书的出版给予了大力支持，教务部的同仁和出版社的编辑们为本书的出版付出了大量辛勤的劳动，在此深表谢意！

在撰写过程中，我们既立足于自己的研究体会，也参考和吸收了国内的相关研究成果。在此谨向前辈学者表示衷心感谢！虽几经修改，书稿难免有疏漏之处，敬请前辈学者和时贤及广大读者提出批评和建议！

作者

2023 年 4 月